Von Erichs Lampenladen zur Asbestruine

Von Erichs Lampenladen zur Asbestruine

Alles über den Palast der Republik

Herausgegeben von Kirsten Heidler
in Zusammenarbeit mit Ingetraud Skirecki

Argon

Bildnachweis:
Archiv der Volkskammer S. 27, 41, 159; Jens-Peter Bark 122, 123, 151; Rudolf Denner S. 65, 70, 96, 110, 112, 113, 118; dpa S. 200; Joachim Fieguth S. 85; Rüdiger Hecht S. 120, 183;Udo Hesse S. 14/15; Hirschfeld S. 72, 108; Murza S. 76/77; Lieselotte Schulz S. 204; Ullstein Bilderdienst S. 27
Gedruckte Quellen: Palast der Republik – Hauptstadt der DDR S. 18; Der Palast der Republik und seine Erbauer, Berlin 1975, S. 50; Der Palast der Republik, Leipzig 1977, S. 163; Monika Zimmermann, Berliner Schloßplatz, Berlin 1997, S. 211, 213; Arzt/Graffunder/Gericke, Berliner Forum, Berlin 1992, S. 212
Karikaturen: Heinz Handschick S. 135, Boris Kaiser S. 210, Gerhard Vontra S. 62, 67, 69, 89, 98, 138, 142
Wir danken Petra Drauschke, Birgit Jank, Andreas Keller und Helfried Krüger für die Unterstützung; von ihnen erhielten wir wichtiges Informationsmaterial. Dank auch Andreas Welter und der Alice-Salomon-Fachhochschule, insbesondere Herrn Prof. Dr. Lutz von Werder.

Umschlaggestaltung: Atelier Werner Kattner, Berlin
Satz und Repro: LVD GmbH, Berlin
Druck und Bindung: Clausen & Bosse, Leck
ISBN 3-87024-389-9

Inhalt

Christian van Lessen: Vorwort 8
Ingetraud Skirecki: Einleitung 12

Geschichte, Bauphase, Architektur

Arnold Munter: Die Sprengung des Stadtschlosses 19
Bruno Flierl: Hintergründe des Palastbaues 21
Heinz Graffunder: Erinnerungen und Gedanken des Architekten 28
Heinz Graffunder: Daten, Fakten, Zahlen 39
Irmtraud Morgner: Über den Oberbauleiter des Palastes der Republik 44
Richtfestspruch 48
Pressemeldungen 49
Chronik des Bauablaufes 51
Baumaterialien 52

Was passierte im Palast der Republik?

Wolf R. Eisentraut: Ein aufmerksamer Besucher 55
Peter Ensikat: Mein Palast der Republik 59
Karen Baumgardt: Essengehen im Palast 66
Andreas Welter: Die Schnapsidee 67
Brigitte Schanze: Erinnerungen, die weit zurückgehen 70
Jochen Pfender: Sechs Meter für den Sozialismus 72
Hans Krause: Kuddeldaddeldu 84
Peter Meyer: Puhdys statt BAP – oder was gut ist, setzt sich durch 86

Constanze Pollatscheck: Großer Wirbel um ein kleines Buch 88
Jochen L.: Sie nicht! 90
Elfriede Brüning: Als Sieger im Café 91
Birgit Herkula: Junges Talent 93
Sabine Horn: Festival des Politischen Liedes 97
Renate Holland-Moritz: Lachen und lachen lassen 100
Hans Canjé: Mus für den Palast 105
Heinz Behnert: Geschichte und Geschichten 107
Heinz Knobloch: Im Palast 114
Hildegard Noack: Tante Martha, wenn du wüßtest 117
Andreas Keller: Drei Striche für den Genossen Breshnew 120
Eberhard Esche: Ein schwieriger Auftritt 126
Thomas Alfermann: Auf in die Spreedisko 136
Käte Neumann: Die Zeitungsleserin 141
Gerhard Holtz-Baumert: Auch für die Kinder retten! 143
Petra Drauschke: Wir feierten gern im Palast 146
Eva Salzer: Die Bestellung 149
Alfred Schemer: Service mit Weltniveau 150
Hans-Jörg Schultz: Der zentrale Bereitschaftsdienst – oder Mädchen für alles 153
Helfried Krüger: Hereinspaziert 156
Herbert Kelle: Einige Interna zur Arbeit der Volkskammer 160
Birgit Jank: Beethoven-Skandal 165
Coni Knöfel: Die Besetzung 169
Chronik der Veranstaltungen 171

Nach der Schließung

Rudolf Ellereit: 93 Prozent Kultur 174
Claus Mischon: Friede den Hütten, Krieg den Palästen! 176
Knut Holm: Erklärung 178
Jochen Petersdorf: PdR oder Gesetzmäßiges 182
Lothar Arzt: Stadtrundgang 183

Katarina Horn: Schließung – und dann ...? 184
Chronik der Ereignisse 191

Ideen für die Zukunft

Wilhelm von Boddien: Das Antlitz Berlins 194
Stadtschloßausstellung 199
Lieselotte Schulz: Grobkonzept zur künftigen Nutzung des Palastes der Republik 201
Wolf R. Eisentraut: Zehn Thesen zur Nutzung 205
Visionen 210

Anhang

Verzeichnis der Autoren 214
Quellennachweis 220

Christian van Lessen

Vorwort

Er steht für eine ungeliebte Republik, die es längst nicht mehr gibt. Schon die Bezeichnung hat es ihm schwergemacht nach der Wende – Palast der Republik. Das ist ein Name, der im wiedervereinigten Deutschland wie Ballast wirkt.

Aber Namen sind Schall und Rauch. Wirklich schwerwiegend sind die im Palast verarbeiteten 750 Tonnen Spritzasbest. Sie haben sein Ende eingeleitet. Auch seine Lage erwies sich nicht von Vorteil: Er steht dort, wo einst ein Teil des Stadtschlosses stand – auf dem Gelände, auf dem Bund und Land Berlin ein neues, mit der Historie in Einklang zu bringendes kulturell-kommerzielles Zentrum errichten wollen. Dieses Bauwerk, über dessen Gestalt und öffentlich-private Finanzierung noch gegrübelt wird, soll möglichst und irgendwie an das Schloß von einst erinnern. Schlechte Karten für den Palast, der schon vor einigen Jahren hinter der aufgebauten hellen Schloß-Attrappe so merkwürdig alt wirkte. Seine umstrittene Schuhkarton-Architektur will nicht mehr an den geschichtsträchtigen Ort passen.

Die traurige Optik hat ihn aus dem Bewußtsein vieler Berliner gedrängt. Man will das Haus so nicht mehr länger sehen. Wie es da vernachlässigt in Berlins Mitte steht, wird es als Zumutung empfunden. Der lange Leerstand zeichnete das Äußere, ließ buchstäblich Gras über die kurze Geschichte des Hauses wachsen. Jeder Tag der letzten Jahre hat das Bauwerk ein wenig häßlicher werden lassen: Fassade und Spiegelfenster erschienen immer grauer und blinder. Für den Abriß des Hauses, 1993 vom

Bund und Senat beschlossen, war im Bundeshaushalt des nächsten Jahres schon eine erste Rate von zehn Millionen Mark bereitgestellt. Aber da die öffentlichen Grundstückseigentümer partout nicht wußten, was aus dem Gelände einmal werden sollte, floß dieses Geld in den Bau von Soldatenwohnungen. Dann machten sich Bund und Land auf die Suche nach kostengünstigen Wegen der Asbestsanierung, die ohnehin vor einem möglichen Abriß notwendig ist. Viel Zeit verging. Ein Wettbewerb wurde 1995 ausgeschrieben. Sein Ergebnis: Totalsanierung als Therapie. Rund 100 Millionen Mark soll sie kosten. Die Arbeiten im Inneren begannen Ende 1997.

Und außen wirkt der einstige Prunkbau des Architekten Heinz Graffunder am verödeten Schloßplatz wie verstoßen. Ein Bild des Jammers, des Abschieds. Der Patient Palast der Republik wird hinter Planen verschwinden und langsam demontiert. Er entzieht sich unaufhaltsam den Augen der Öffentlichkeit. Was nach der Operation von ihm übrigbleibt, ist nach heutiger Planung nicht mehr als ein Gerippe. Mit dem Asbest ist dann auch der Palast weg. Und damit ein Stück DDR, mit dem viele Menschen nicht nur den Sitz der Volkskammer, sondern vor allem ein Stück Lebensqualität und Unterhaltung im tristen Ost-Alltag verbinden. Der Spitzname, den sich der abends in seinem Inneren hellbeleuchtete Palast als »Erichs Lampenladen« einhandelte, zeugt von spöttischer Hochachtung. Staats- und Parteichef Erich Honecker war es gelungen, einen Bau zu schaffen, mit dem sich ein Großteil der Bevölkerung identifizieren konnte: Das Haus war zugänglich und vermittelte eine Art von Weltläufigkeit.

So sind die meisten Ost-Berliner der Ansicht, daß der Palast erhalten, saniert und wieder als ein multifunktionelles »Volkshaus« genutzt werden sollte. Daß das Bauwerk Respekt verdient. Die Mehrheit der West-Berliner, die wegen der Mauer nie Zeit fanden, sich an das intakte

Gebäude mit seinen Restaurants, Cafés, Bars oder auch Kegelbahnen zu gewöhnen, respektieren den Palast nicht, identifizieren ihn mit dem SED-Regime. Wo so unterschiedliche Gefühle im Spiel sind, haben es sachliche Argumente schwer. Etwa jenes, daß die wiedervereinigte Stadt ihre verödete Mitte baulich so gestalten sollte, daß sich möglichst alle Berliner heimisch fühlen können. Der Tagesspiegel stellte vor gut einem Jahr zahlreiche Visionen von namhaften Architekten für den Schloßplatz vor. Kaum jemand plädierte für die Erhaltung des DDR-Palastes. Ein Entwurf allerdings verdoppelte ihn mittels Fotomontage. Es war gedacht als Provokation. Der Doppel-Palast paßte räumlich gut auf das große Gelände und machte deutlich, daß der Schloßplatz wieder mehr bauliche Dichte braucht. Daß er aber Gebäude benötigt, die zu den historischen Nachbarn Altes Museum und Marstall halbwegs passen und sich nicht mit der Kehrseite den Linden zudrehen.

Andere Visionen versteckten den Palast oder zumindest Reste von ihm hinter weitgehend neuer Fassade, Fragen nach der Zukunft des seit 1990 wegen Asbests geschlossenen Hauses sind rhetorisch. Die Sanierung hat begonnen, und im Jahr 2000 sieht der ehemalige Renommierbau vermutlich so aus, wie er sich 1974, zwei Jahre vor seiner feierlichen Eröffnung, präsentierte: als rohes Stahl- und Betongerippe. Bund und Land als Grundstückseigentümer wollen zwar die Möglichkeit offenhalten, das Gebäude zu rekonstruieren, doch die Weichen sind in Richtung Abriß gestellt. Nicht umsonst wurde ein »Interessenbekundungsverfahren« für mögliche Investoren gestartet, nicht umsonst soll demnächst ein Architektenwettbewerb ausgelobt werden – für jenen »Neubau für kulturelle und kommerzielle Nutzungen«, wozu eine Bibliothek, ein Konferenzzentrum, Büros, Läden und Restaurants gehören sollen. In den Ausschreibungsunterlagen wird die Wiederherstellung der äußeren Gestalt des Schlosses angeregt, als weitere Variante eine moderne

Lösung in den Umrissen des kriegszerstörten und 1950 abgerissenen Schlosses.

Bei beiden Varianten wollen Bund und Land Berlin, daß der frühere Palast der Republik nach Möglichkeit berücksichtigt werde. Sie wollen nicht ausschließen, daß eventuell verbleibende Teile in den neuen Gebäudekomplex einbezogen werden könnten. Der Neubau soll die »historische Situation Deutschlands und Berlins bis in die jüngste Vergangenheit sichtbar machen.«

Über den Palast wird nach offizieller Sprachregelung nach der Asbestsanierung entschieden. Aus den bisherigen Ergebnissen des Interessenbekundungsverfahrens von Investoren geht hervor, daß selbst seine Reste kaum verwertbar scheinen, auch wenn die meisten modern bauen wollen und der ehemalige Palast der Republik ein Bau der Moderne (gewesen) ist. Die Betonwanne allerdings, in der das Gebäude an der Spree steht, könnte als Tiefgarage für 700 Autos verwendet werden. So hatte es der Hamburger Geschäftsmann und Berliner-Schloß-Befürworter Wilhelm von Boddien schon vor gut einem Jahr vorgeschlagen.

Das wäre aber ein unwürdigeres Ende als allein der Abriß des gesamten Palastes. Das hätten der Bau und alle Berliner, die sich seiner mit Freude erinnern, nicht verdient.

Ingetraud Skirecki

Einleitung

Die einen nennen ihn »meinen Palast« oder »unser Haus«, die anderen »Renommierbau der DDR«. Das Gebäude steht im Zentrum der deutschen Hauptstadt, auf dem Platz, der ehemals vom preußischen Schloß beherrscht wurde – kein Wunder, daß es heftig umstritten ist.

Auf diesen Streit wollte sich Kirsten Heidler nicht einlassen und konnte ihm doch nicht ganz entgehen. Sie, eine junge Kulturmanagerin aus West-Berlin, wollte wissen, was so viele Menschen veranlaßt, sich für seinen Erhalt zu engagieren. Dieses Haus sublimiert ein Stück DDR-Geschichte, das sie für sich selbst in Erfahrung bringen wollte. Nicht aus Medien und Büchern, sondern von den Menschen, die sie selbst erlebt haben. Was sie aufschrieb, nennt sie »oral-history«, erzählte Geschichten – von gelebter Geschichte. So erinnert sich eine junggebliebene Vierzigerin, wie schön ihre Hochzeit hier gefeiert wurde; ein Potsdamer Berufsschullehrer beschreibt seine abenteuerlichen Erlebnisse beim Organisieren eines Schülerabends in der Jugenddisko und Tante Martha, wie sie für ihren ersten Palastbesuch ein neues Kleid genäht bekam, mit »Westknöpfen« daran. Auch aus dem Westen der Stadt kam man, zahlte zusätzlich »Eintritt« an der Grenze, nur um zum Beispiel einmal die Hahnemann im »Kessel Buntes« live zu erleben.

War der Palast wirklich vor allem eine Begegnungsstätte und ein Haus für kulturelle Veranstaltungen – oder diente er nicht doch mehr politischen Zwecken? Dort befand sich die Volkskammer, dort fanden Parteitage statt. Die Herausgeberin suchte nach Mitarbeitern aus den Teilen des Hauses, die gewöhnlichen Besuchern normalerweise nicht zugänglich waren, sprach mit ihnen über besondere Ereignisse, interviewte Künstler aus Ost und West, die den Palast als Spielstätte mit besonderer Nähe zum Publikum erlebten, und sie hörte von Auftrittsverboten, von Kartenreservierungen für Betriebe, von Bezirksfesten, die das ganze Haus füllten und keinen Eintritt kosteten. – Viele Geschichten ranken sich um den Palast der Republik und scheinen ihn wie Efeugewächs zusammenzuhalten.

Für die zukünftige Gestaltung des Schloßplatzes gibt es sehr unterschiedliche Vorschläge. Was nach einer Sanierung des Palastes der Republik – wenn sie denn geschieht – noch von ihm erhalten bleibt, ist ungewiß. Erhalten bleiben aber diese Geschichten, die einen Einblick in seine Geschichte gewähren.

Wer sie nicht selbst erlebt hat, wird nach der Lektüre manches besser verstehen, wer daran teilhatte, taucht in die Vergangenheit ein und kann sie aus heutiger Distanz beurteilen.

Weihnachten 1981

Der Palast der Republik im Bau

Geschichte, Bauphase, Architektur

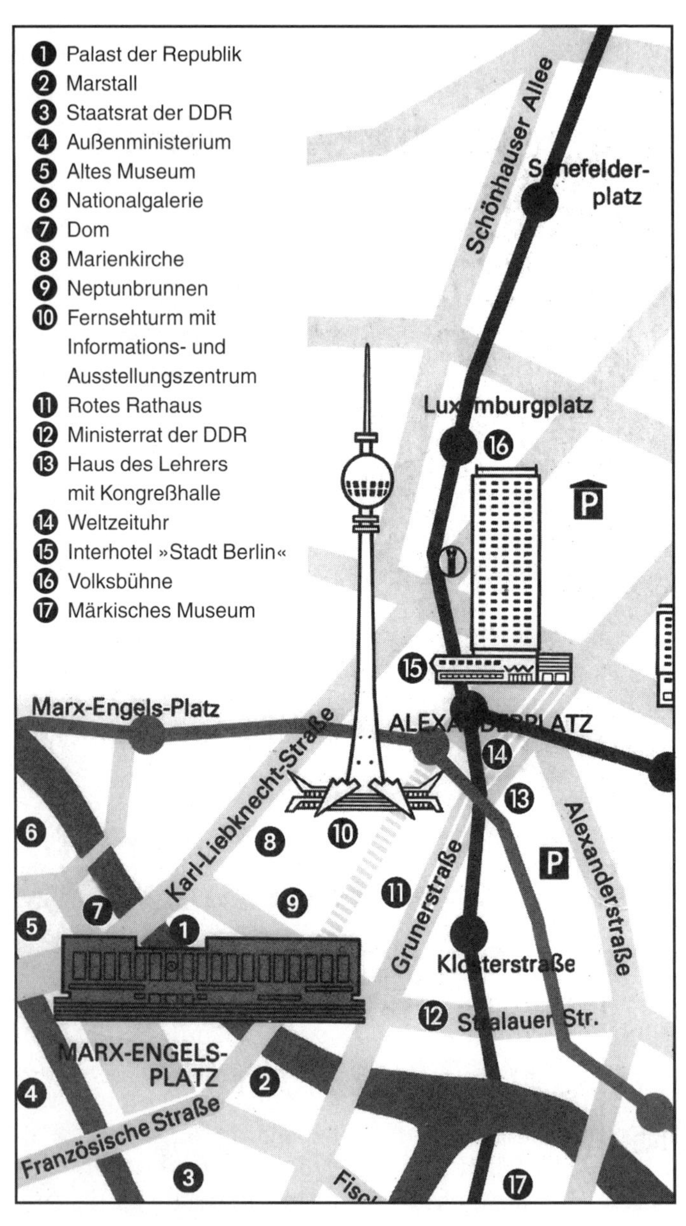

Lageplan des Palastes aus dem Jahr 1980

Arnold Munter

Die Sprengung des Stadtschlosses

Arnold Munter war von 1948 bis 1951 Stadtrat für Bau- und Wohnungswirtschaft im Stadtbezirk Mitte. Sein Ressort mußte die Genehmigung für die Sprengung des Stadtschlosses erteilen, die am 6. November 1950 durchgeführt wurde.

Einige Teile des Schlosses wie der Schlüterhof waren relativ wenig beschädigt. Trotz meiner Bitte an Friedrich Ebert, den damaligen Oberbürgermeister, das Schloß zu erhalten, kam er sechs Wochen später zu mir und sagte: »Sie müssen sprengen!«

Objektiv gesehen war das ein Befehl von Walter Ulbricht. Er wollte, das wissen wir heute, mitten in der Stadt, an historischer Stelle, einen großen Aufmarschplatz haben. Und da war die Ruine des Schlosses im Wege. Viele Leute, unter anderem auch der Enkel von Karl Liebknecht, baten Ulbricht, sich die Sache noch einmal zu überlegen. Doch er bestand darauf, und ich mußte die Sprengung schließlich durchführen. Die Kraft zu sagen: Nein, das mache ich nicht, fehlte mir. Auch hätten das dann andere getan.

Am Tag der Sprengung lag es in meiner Verantwortung, den Bereich vom Alex bis zum Brandenburger Tor räumen zu lassen. Ich selbst suchte Schutz hinter dem riesigen Kaiser-Wilhelm-Denkmal, das damals noch vor dem Schloß stand. Als sich der Staub gelegt hatte, verließ ich meine Deckung, um mir das Ergebnis anzuschauen. Plötzlich kam ein Auto mit sowjetischen Offizieren angesaust, ein General sprang heraus und sagte: »Nun hör mal, Genosse, was sprengst du Schloß, wir ha-

ben Kreml auch nicht gesprengt!« Aber da war nichts mehr zu ändern.

Einige historische Bauteile wurden gesichert, z. B. der Balkon, von dem aus die Weimarer Republik ausgerufen worden war. Er befindet sich heute am ehemaligen Staatsratsgebäude. Ich persönlich hätte das Schloß nie beseitigen lassen. Historische Gebäude sind Zeugen der Geschichte.

Den Palast der Republik betrachte ich als ein Gebäude, das die Bevölkerung angenommen hat. Er ist zwar kein historisches Gebäude, doch ich setze mich für seinen Erhalt ein. Wenn man das Schloß wieder aufbauen würde, wäre es auch kein historisches Gebäude mehr.

Ein Ensemble, in das der Palast mit einbezogen ist, würde ich begrüßen. Aber so, wie er heute noch steht, nicht als Schloßteil. Herr von Boddien hat mir gesagt, er wäre ebenfalls für eine weitere Nutzung, aber die Asbestverseuchung sei so stark, daß die Eisenkonstruktion schon teilweise angegriffen ist. Selbst nach einer erfolgreichen Restaurierung wäre in acht bis zehn Jahren wieder eine notwendig.

Ich selbst war mit meiner Frau öfter im Palast, es wurde Wunderbares geboten, immer irgendwelche Ausstellungen, Konzerte. Man konnte gut essen, auch ohne dicke Brieftasche. Besonders gern erinnern wir uns der tollen Aussicht vom Café im ersten Stock zum Lustgarten hin, vorausgesetzt man hatte Glück, einen Fensterplatz zu erwischen.

Ich finde, die Meinung der Menschen muß respektiert werden. Es gibt viele, die mich immer wieder ansprechen, daß der Palast bleiben müsse. Das ist unser Palast. Als man das Außenministerium gegenüber abgerissen hat, gab es von keiner Seite Proteste. Das Gebäude paßte überhaupt nicht in die Mitte unserer Stadt. Aber gegen die Beseitigung des Palastes gibt es doch enormen Widerspruch.

Bruno Flierl

Hintergründe des Palastbaues

Was Erich Honecker – seit dem VIII. Parteitag der SED an der Spitze der Partei und dann auch des Staates – Ende 1972 bewog, das seit über 20 Jahren geplante zentrale Gebäude nun endlich zu bauen, ist klar: Er wollte generell die Ära Walter Ulbricht vergessen machen. Erstens wollte er republikweit mit einem riesigen Wohnungsbauprogramm als »Kernstück« der von ihm verkündeten »Einheit von Wirtschafts- und Sozialpolitik« die Wohnungsfrage als soziales Problem bis zum Jahre 1990 lösen. Zweitens wollte er die sozialistische Umgestaltung des Zentrums der Hauptstadt der DDR zu Ende führen. Andere Städte interessierten ihn nur wenig. Was ihn dazu trieb, den Bau des zentralen Gebäudes in Berlin so forciert zu befördern und als Termin der Fertigstellung den IX. Parteitag 1976 festzulegen, erklärt sich nicht nur dadurch, daß er sich für die erfolgreiche Darstellung seiner Politik in der Nach-Walter-Ulbricht-Ära möglichst schnell einen repräsentativen baulichen Rahmen wünschte, sondern daß er zum für West-Berlin geplanten ICC ein attraktives Gegengewicht von internationaler Bedeutung schaffen wollte. Was ihn allerdings dazu gebracht haben mag, den seit 1950 vorgesehenen Standort dieses Gebäudes am Marx-Engels-Platz östlich der Spree nun ans westliche Flußufer auf den Platz selbst zu verlegen, kann nur vermutet werden. Zum einen mag er wohl eingesehen haben, daß die schon von Anfang an geäußerten Bedenken gegen den viel zu großen Platz so falsch nicht waren. Zum anderen wollte er wohl aber auch nicht zulassen, daß der – mit westlichen Zuschüs-

sen – zur Rekonstruktion vorgesehene Dom am Marx-Engels-Platz künftig allein zum attraktiven baulichen Akzent an diesem »zentralen Punkt« der Stadt würde. Das Hauptmotiv war also noch immer – und wie die Geschichte dann zeigte: zum letzten Mal – politische Selbstdarstellung im Klassenkampf. Freilich inhaltlich in manchem gewandelt und entheroisiert. Es kam wohl noch ein ganz persönliches Motiv hinzu: Er wollte den auf seine Anweisung 1971 zur Vorbereitung der X. Weltfestspiele der Jugend und Studenten 1973 geschaffenen Park östlich der Spree, also am bis dahin geplanten Standort für das zentrale Gebäude, nicht opfern.

Der auf der Sitzung des Politbüros Ende September 1972 erteilte Auftrag zur Ausarbeitung einer Grundsatzstudie für ein *Mehrzweckgebäude* am Marx-Engels-Platz erging an ein Kollektiv der Bauakademie unter Leitung von Heinz Graffunder. Das Funktionsprogramm orientierte auf einen Volkskammersitzungssaal und auf einen großen, verwandelbaren Saal mit 5000–6000 Plätzen für Großveranstaltungen, Kongresse und Konzerte, der aber auch – typisch DDR! – für Sportveranstaltungen genutzt werden sollte, sowie auf Einrichtungen der Gastronomie und Freizeitaktivitäten verschiedener Art. Die Verantwortung für die Ausarbeitung dieser Studie gegenüber dem obersten Auftraggeber wurde Werner Heinisch übertragen, der in Nachfolge von Gerhard Kosel seit 1965 Präsident der Deutschen Bauakademie war. Damit setzte Honecker fort, was bei Ulbricht schon Methode war: Die politische Führung bediente sich für die Erfüllung ihrer zentralen städtebaulich-architektonischen Aufgaben in der Hauptstadt der Bauakademie und persönlich ihres Präsidenten, der stets so ausgesucht wurde, daß er diesen Aufgaben – vor allem auch gegenüber der Stadt – gerecht werden konnte. Wie bei der Suche nach dem geeigneten zentralen Gebäude in den frühen 50er Jahren Bauakademiepräsident Kurt Liebknecht und später bei der Errichtung des Fernsehturms Bauakademiepräsident

Kosel die Verantwortung zugeteilt bekamen, so wurde nun Bauakademiepräsident Heinisch für die Grundsatzstudie zum Bau des zentralen Gebäudes auf dem Marx-Engels-Platz verantwortlich gemacht. Nur: so kraß wie dieses Mal war die Stadt – der Magistrat, das Stadtbauamt und sein Chefarchitekt – noch nie ausgeschaltet worden. Die Arbeit des Architektenkollektivs Graffunder mußte in den Amtsräumen des Präsidenten der Bauakademie stattfinden, radikal abgeschirmt von der Außenwelt, quasi geheim. Der Hauptgrund dafür war wohl, daß sich die Partei- und Staatsführung nicht sicher genug war, ob sie sich ein so kostspieliges Bauwerk vor der Bevölkerung würde leisten können, die inzwischen ganz auf das vom VIII. Parteitag der SED 1971 versprochene Wohnungsbauprogramm eingeschworen war. Als dann jedoch im März 1973 nach dreimonatiger Arbeit das Ergebnis des Architektenkollektivs Graffunder vorlag und Präsident Heinisch seinem Auftraggeber Honecker persönlich mitteilen konnte, daß das Bauwerk für 250 Millionen Mark der DDR errichtet werden könnte, wurde relativ schnell entschieden. Daß das Bauwerk bis zu seiner Fertigstellung zu guter Letzt tatsächlich viermal so teuer wurde, ist später offiziell nie bekannt geworden.

Mit seinem Beschluß vom 27. März 1973 bekannte sich das Politbüro zum Aufbau des neuen Gebäudes am Marx-Engels-Platz, das nun als *Palast der Republik* bezeichnet wurde. Es enthielt alle geforderten Funktionen, die des Sports jedoch nicht mehr. Nun erst wurden die künftigen Nutzerinstitutionen – so auch die Volkskammer – in die Projektierung einbezogen. Nachdem die Bezirksleitung Berlin der SED am 9. Mai und die Berliner Stadtverordnetenversammlung am 21. Mai ihre Zustimmung zum Bau des Palastes der Republik gegeben hatten, erfolgte am 24. Mai der Schritt in die Öffentlichkeit. Zusammen mit dem Berliner Wohnungsbau wurde der Bau des Palastes der Republik als Teil des Berliner Bauprogramms bekannt gegeben. Am 2. November 1973 erfolgte durch Honecker die Grundsteinlegung. Anläßlich des Richtfestes am 18. November 1974 sagte er: »Der Palast der Republik wird ein Haus des Volkes sein, eine Stätte regen politischen und geistig-kulturellen Lebens.« Die Eröffnung des Gebäudes fand nach einer Bauzeit von weniger als 1000 Tagen am 23. April 1976 statt. Der leitende Architekt war Heinz Graffunder, seine engsten Mitarbeiter waren Ernst Swora, Manfred Prasser, Günter Kunert, Wolf-Rüdiger Eisentraut, Heinz Aust und Dieter Bankert. Die Gesamtleitung dieses *Sonderbauvorhabens* oblag Erhardt Gißke.

Der Palast der Republik war von seiner Idee und Realität her als Haus des Volkes im Grunde ein funktional erweitertes Kulturhaus, *Volkspalast* und *Staatspalast* zugleich. Vom Staat gebaut für das Volk, aber auch von ihm selbst genutzt, diente er partiell als Ort von Volkskammertagungen in einem gesonderten Bauteil und zeitweilig als Ort von Festen und Feiern des Staates sowie für gelegentliche Kongresse und Tagungen der führenden Staatspartei im Großen Saal. Primär jedoch fungierte der Palast zu DDR-Zeiten als zentrale Mehrzweckkulturstätte mit einer Fülle von Raumangeboten und Programmen für jedermann, der ihn nutzte, als ein beliebter Ort für Konzerte und Feste, Tagungen und Meetings aller Art – vor allem im variabel nutzbaren großen Saal mit seinen knapp 5000 Plätzen, der nach einer Studie von Klaus Wever projektiert wurde – sowie für Theater und Freizeitaktivitäten, nicht zuletzt als ein Ort gern besuchter gastronomischer Einrichtungen. Von daher galt der Palast der Republik für die Bürger der DDR, entschieden mehr als für den Staat, *praktisch* und *symbolisch* als die *Mitte* der Stadt. In der Tat: Er war die Mitte der Stadt in der Einheit und im Widerspruch von Bürger und Staat. Wäre das zentrale Gebäude, wie von 1950 bis 1962 geplant, als Regierungshochhaus und Volkskammerbau realisiert worden, wäre der Ort gewiß ein ausschließlich politischer geworden. Durch den Palast der

Republik jedoch wurde er zu einem Ort vorwiegend kultureller Kommunikation im Leben der Hauptstadt der DDR. Analog zum Volkshaus, das im Sommer 1950 noch in den Köpfen der Planer für ein zentrales Gebäude war, lebte im Palast der Republik die alte Idee wieder auf: das Volk selbst als Sinnstiftung der Stadtmitte. Dieser Konzeptionswandel von Leitungsdominanten zu Kulturdominanten als Funktionsbestimmung zentraler Gebäude vollzog sich Ende der 60er/Anfang der 70er Jahre auch in anderen Städten der DDR.

Mit der Errichtung des Palastes der Republik war der bauliche Schlußstein im zentralen Stadtinnenraum vom Außenministerium am Marx-Engels-Platz bis zum Bahnhof am Alexanderplatz geschaffen. Fernsehturm und Palast bestimmen seither diesen Raum in dialogischer Polarität: als zwei Bauwerke, die ursprünglich einmal eines sein sollten. Sie demonstrieren beide, daß nicht der Staat diesen Stadtinnenraum besetzt hatte. Die Bauten des Staates – der Staatsrat und das Außenministerium – befanden sich am Rand des Marx-Engels-Platzes. Der eigentliche *Herrschaftsbau* war das Gebäude des ZK der SED: am Marx-Engels-Platz um die Ecke – räumlich nicht zum Platz gehörig, postalisch ihm jedoch als Adresse zugeschlagen.

Heute, nach dem Ende der DDR, ist der *zentrale Ort in Berlin* eben wegen seiner baulich-räumlichen Vergegenständlichung vergangener real-sozialistischer Zentralität in historisch gesellschaftliche Kritik geraten und vom Abriß bedroht. Das Gebäude des DDR-Außenministeriums ist bereits beseitigt. Der schon seit 1990 geschlossene Palast der Republik soll folgen, nicht nur weil er *asbestverseucht* ist, sondern weil er als DDR-Symbol auch ideologisch verseucht erscheint, jedenfalls für alle, die als Preis der deutschen Vereinigung die Beseitigung der Erinnerung an die DDR verlangen. Die so denken, wollen sich an diesem Ort als *Sieger der Geschichte* gegen die *Verlierer der Geschichte* inszenieren. Als neue Sinnstiftung für die Stadtmitte sehen sie entweder das alte Berliner

Stadtschloß oder einen Neubau – möglichst in der Gestalt des Schlosses. Nur: Keiner hat vorerst das Geld dafür. Und keiner weiß so recht, als was das alte Schloß oder ein neuer Bau funktionieren sollen.

Der Abriß des Palastes der Republik ist vom Gemeinsamen Ausschuß Bonn/Berlin am 23. März 1993 beschlossen worden. Damals wesentlich aus Gründen einer notwendigen Asbestsanierung, freilich mit dem Ziel, das Gebäude nicht etwa behutsam, sondern radikal zu sanieren, d.h. *totzusanieren*. Sein Abriß ist auf der Sitzung desselben Ausschusses am 31. Mai 1996 erneut bekräftigt worden, dieses Mal vordergründig mit dem Wunsch nach einem neuen Nutzungskonzept, das im vorhandenen Platz angeblich nicht verwirklicht werden kann. Dieses Konzept orientiert auf bauliche Anlagen für ein Konferenzzentrum mit Hotel, für eine große Bibliothek, für Ausstellungsflächen sowie Restaurants und Geschäfte. Aber noch immer gibt es keine Investoren und Betreiber für ein solches Gebäude, in dem sich, wie es im Beschluß heißt, »die föderale Vielfalt Deutschlands in einem sich einigenden Europa« widerspiegeln soll. Also kommt es zunächst einmal zum Abriß, ohne daß schon klar ist, was genau an die Stelle des Palastes der Republik hinkommen soll. Dadurch wird das funktionelle und bauliche Loch, das die DDR an ihrem Marx-Engels-Platz im Leib der Stadt hinterließ und das nach dem Abriß des DDR-Außenministeriums noch größer geworden ist, ins Immense anwachsen und auf diese Weise – metaphorisch – als ein Loch in der bundesrepublikanischen Gesellschaft begriffen werden, die für die Mitte ihrer Hauptstadt – noch – keine Lösung weiß.

Ein wirklich neues Nutzungskonzept für ein asbestsaniertes Gebäude des Palastes der Republik und seinen urbanen Ort entstünde, wenn, ja wenn auch die Bürger gehört würden. Schließlich waren es in den letzten Jahren vornehmlich Bürgerinitiativen und mit ihnen verbundene Fachleute und Politiker, die ernsthaft danach fragten, was denn an diesem Ort mitten in der Stadt wohl stattfinden sollte: praktisch und symbolisch, damit er den *Bürger als Citoyen* auch wirklich angeht, weil er für ihn kein *fremder*, sondern sein *eigener* Ort ist – nicht weniger, als er es in der DDR schon war. Allein von ihnen erging der Ruf, diesen Ort, an dem einst Könige und Kaiser herrschten, nicht wieder an den Staat, schon gar nicht an den Kommerz oder an einen unverbindlichen Berlin-Tourismus zu verlieren, sondern ihn zu bewahren für die kulturelle Kommunikation der Bürger der Stadt und des Staates und ihn zu entwickeln im Interesse einer neuen Identität der Deutschen im Prozeß ihrer Vereinigung: in Berlin, in Deutschland, in Europa.

Nur von einem solchen Anspruch her wäre eine wirklich neue Sinnstiftung für den zentralen Ort in Berlin zu gewinnen – nicht allein für die Mitte der Spreeinsel, sondern für den gesamten Stadtinnenraum vom Lustgarten bis zum Fernsehturm als dem zentral gelegenen Raum der Verbindung und Begegnung von Ost und West in Berlin.

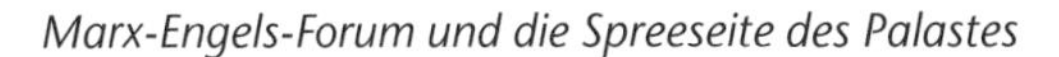
Marx-Engels-Forum und die Spreeseite des Palastes

Heinz Graffunder

Erinnerungen und Gedanken des Architekten

Knut Holm: Wann und wo haben Sie Architektur studiert?
Prof. Heinz Graffunder: Von 1949 bis 1952 in Neukölln an den Vereinigten Bauschulen von Groß-Berlin. Das war damals neben der Technischen Universität die einzige Ausbildungsstätte für angehende Architekten in Berlin.
Knut Holm: Sie haben die Schloßruine noch gesehen?
Prof. Heinz Graffunder: Ja, und als Schuljunge bin ich bei einer der obligatorischen Jahresführungen auch noch im Schloß gewesen.
Knut Holm: Und war damals, als Sie durch das Schloß gingen, Architekt schon Ihr Traumberuf?
Prof. Heinz Graffunder: Nein. Ursprünglich wollte ich mal Flieger werden, aber angesichts der Trümmerwüste Berlin habe ich mich dann für diesen Beruf entschieden. Es schien mir notwendiger, auf der Erde Ordnung zu schaffen, anstatt durch die Lüfte zu fliegen.
Knut Holm: Hat es Sie als Architekturstudenten bewegt oder erregt, als die Schloßruine gesprengt wurde?
Prof. Heinz Graffunder: Für mich war es ein nachträglicher Akt des verlorenen Krieges. In den Debatten dieser Tage wird ja meist übersehen, in welcher Situation das geschah. Die Stadt bestand aus Ruinen und Trümmerbergen, und es gab auch noch genug Trümmer in den Köpfen. Ich selbst war als sechzehnjähriger Soldat geworden und betrachtete es als ein Wunder, daß ich den Krieg unversehrt überstand. Dieser Wahnsinn, darin waren wir uns einig, durfte sich nie wiederholen. Das bestimmte meine Gedanken, und deshalb war diese Sprengung eine Beseitigung von Trümmern, die uns belastet hatten.

Heute sind da andere Betrachtungsqualitäten, denen ich mich auch anschließe. Heute weiß ich, daß man ein Haus nicht politisieren kann.

Knut Holm: Welches war Ihr erstes Haus?

Prof. Heinz Graffunder: Nach einigen Vorübungen im Magistrat bekam ich den Auftrag, ein Junggesellenheim in der Friedrichsberger Straße zu bauen. Ich war mit ganzem Herzen dabei, habe viel gelernt. Das Haus steht übrigens heute noch. Es war, eben weil für Alleinstehende, ein ganz spezieller Wohnungsbau.

Knut Holm: Gab es damals schon Typenbauten?

Prof. Heinz Graffunder: Nein, es war die Zeit, in der die Stalinallee entstand. Ich war damals sehr unwillig, weil mir der Stil der Stalinallee nicht paßte. Ich war ein junger Mensch, der sich einer modernen Architekturbewegung angeschlossen hatte, und mit dem etwas überpathetischen Architekturstil, der in meinen Augen die Vergangenheit kopierte, konnte ich nichts anfangen. Ich hatte mir für mein Projekt eine gewisse Erhabenheit vorgenommen, die dem Zeitgeist entsprechen sollte. Also Verknappung der Profile und dennoch Arbeit mit gutem Material wie zum Beispiel Naturstein. Das ging nicht ohne Reibereien ab, aber ich habe mich durchgesetzt und dann auch Anklang gefunden. Es war ein ganz guter Anfang, und das trug mir wohl den Auftrag für ein Tanzcafé auf dem Mont Klamott ein …

Knut Holm: … das aber doch nie entstand …

Prof. Heinz Graffunder: … nein, aber das hatte nichts mit meinen Entwürfen zu tun. Der Flakbunker unter dem Mont Klamott war ohne statische Überlegungen gesprengt worden. Deshalb konnte niemand dafür garantieren, ob sich das Café nicht eines Tages senken würde und schon gar nicht in welche Richtung.

Knut Holm: Der Entwurf war fertig, als man dahinterkam?

Prof. Heinz Graffunder: Ja, ich hatte sogar schon persönliche Pläne geschmiedet. Ich wollte mit meiner Braut in diesem Café Hochzeit feiern.

Knut Holm: Und was haben Sie dann statt dessen gebaut?
Prof. Heinz Graffunder: Eines Tages rief mich der Berliner Chefarchitekt, Professor Henselmann, in sein Büro im Alten Stadthaus. Er war wohl von meiner Arbeit angetan und unterstützte auch nachhaltig junge Leute. Zu jener Zeit war es nicht alltäglich, daß man angerufen wurde und direkt zu einem Projektauftrag kam. In seinem Zimmer traf ich zwei würdige Herren, die sich als Prof. Max Schneider und Dr. Dathe vorstellten. Henselmann präsentierte mich mit den Worten: »So, meine Herren, ich stelle Ihnen hier einen jungen begabten Architekten vor, der die Welt noch vor sich hat und Ihnen sicher entwerfen und bauen kann, was Ihnen gefallen wird.« Dann wandte er sich an mich und fragte: »Wie alt sind Sie? Sechsundzwanzig? Als ich sechsundzwanzig war, war meine Zukunft schon Vergangenheit.«

Dann klärte er mich auf: »Die Herren möchten einen Tierpark in Friedrichsfelde errichten und für ihre Bauten keinen Professor haben, der ihnen dorische Säulen ins Raubtierhaus stellt.«

Die beiden musterten mich und fragten, ob ich mich für das Projekt begeistern könnte. Ich habe damals ganz wild und entschlossen »Ja« gesagt. So begann meine Zusammenarbeit mit Prof. Dathe. Dank seiner reichen Erfahrungen in der Tiergärtnerei beherrschte er die Grundprinzipien des Bauens von Tieranlagen souverän.

Für mich als Architekt war er daher ein Bauherr, der wußte, was er wollte und mich anspornte.
Knut Holm: Wie lange dauerte die Arbeit?
Prof. Heinz Graffunder: Rund zehn Jahre, von 1954 bis 1964. Dann war leider dafür kein Geld mehr da. Übrigens habe ich in dieser Zeit an zahlreichen anderen Tiergarten-Neugründungen mitgearbeitet. Für den Tierpark in Cottbus, für den Zoo in Rostock, den Zoopark in Erfurt. Ein von mir entworfener Tierpark für Neustrelitz wie auch eine Meerestierstation für Warnemünde sind dann nicht mehr gebaut worden. Das habe ich sehr bedauert, weil

es phantastische Standorte sind. Dazu kamen noch Modernisierungen und Erweiterungen der bestehenden Zoos in Halle und Leipzig. Daß es dann kaum noch Geld dafür gab, war dem Umstand zuzuschreiben, daß der Wohnungsbau in den Vordergrund rückte.

Knut Holm: Folgen wir weiter Ihrer Spur der Steine …

Prof. Heinz Graffunder: Da waren eine DDR-Ausstellung für die Frühjahrsmesse 1956 in Wien, das Botschaftsgebäude in Budapest, das heute übrigens von Bonner Diplomaten benutzt wird. Nach dem Ende meiner Tierparkzeit entwarf ich zusammen mit Partnern die Bebauung rund um den Berliner Fernsehturm, also die Rathaus- und die Liebknechtstraße. Danach schufen wir den Wohnkomplex am Fennpfuhl.

Knut Holm: Eine Zwischenfrage: Das Wort Plattenbau ist fast zu einem Urteil für verkommene Wohnstätten geworden. Wie bewerten Sie dieses Verfahren?

Prof. Heinz Graffunder: Der Plattenbau der DDR griff nur auf, was vom Sinn her das weltbekannte Bauhaus in den zwanziger Jahren erdacht hatte. Männer wie Walter Gropius bestimmten das Bild dieser Schule. Die These des Bauhauses zum Wohnungsbau lautete in etwa: Wirklich sozialer Wohnungsbau ist überhaupt nur durch Verfahren möglich, die auch finanzierbar sind. Es ist im Grunde eine simple Überlegung: Immer und überall werden Wohnungen für Menschen benötigt, die man nicht zu den Reichen zählen kann. Genau betrachtet ist das sogar meist die Hälfte der Nation. Anders ausgedrückt: Würde man nicht ein solches Verfahren wie die Plattenbauweise anwenden, könnte man für diesen Teil der Bevölkerung überhaupt keine Wohnungen bauen. Deshalb war es revolutionär, was das Bauhaus empfahl. Das geschah in der Zeit nach der Katastrophe des Ersten Weltkriegs und der Inflation. Das Proletariat wuchs, aber seine Wohnungsprobleme blieben ungelöst. Das Anliegen des Bauhauses war also in seiner Konsequenz das Bemühen um menschenwürdiges Wohnen. Am Rande erwähnt: Damals regierte bekanntlich die SPD und bemühte sich, die Interessen des Proletariats zu vertreten. Nach der Katastrophe des Zweiten Weltkriegs stellte sich dieses Problem in ganz anderen Dimensionen. Wie sollte man es in den Griff bekommen? Es dauerte Jahre, bis 1967 in Hoyerswerda der erste serienmäßige Plattenbau vollendet wurde. Man muß dazu erklären, daß dieses Verfahren nicht durch einen Beschluß in Gang zu setzen war, sondern erst durch die Errichtung eines ganzen Industriezweiges. Das Ziel war allen klar: vernünftige Wohnungen im mittleren Standard zu den bekannten Mieten. Hinzu kam: Es mußte in den nördlichen Breitengraden, in denen wir ja leben, während des ganzen Jahres gebaut werden können. Das alles wurde erreicht, und es sind eigentlich nur zwei Einschränkungen zu machen. Die eine gilt der Handhabung des Plattenbaus als Regime. Das hat sich als so schwierig herausgestellt, weil ein maßstäbliches, ästhetisches und ansprechendes Bauen mit den einmal gefertigten Platten nur unter ganz bestimmten Umständen herbeizuführen war. Es erwies sich jedoch als durchaus möglich. Das forderte allerdings zusätzliche Investitionen. Und diese Fortschritte, an denen ich auch später in Marzahn engagiert mitgewirkt habe, waren doch mit wahnsinnigen Anstrengungen verbunden.

Daß der Wohnungsbau in der Frankfurter Allee, am Gendarmenmarkt oder in der Friedrichstraße mit Fertigteilen ausgeführt wurde, zeugt dafür, daß der Plattenbau nicht schuld ist an schlechter Gestaltung, sondern daß die Programmierung ausschlaggebend war. Aber ohne Erfahrungen zu sammeln, gelangt man eben nicht an diesen Punkt. Ich bleibe dabei, wir haben der so wichtigen Anregung des Bauhauses mit bestem Wissen und Wollen Rechnung getragen. Aber – die erreichten Ergebnisse, die eine Zeittypik darstellen in dem Bemühen um ein soziales Bauen, bedürfen noch über Jahrzehnte der liebevollen und kreativen Weiterbehandlung.

Die zweite Einschränkung gilt unseren ungenügenden Bemühungen um die vorhandene Bausubstanz. Durch das schwerpunktmäßige Bauen ist in Berlin immer mehr gemacht worden als zum Beispiel in Doberlug-Kirchhain. Und wenn dort endlich auch gebaut wurde, entstanden oft seelenlose Fünfgeschosser am Stadtrand, wo schon Zweigeschosser zu hoch waren. Das war ideenlos und läßt sich nicht entschuldigen. Die Vernachlässigung der Gründerzeitquartiere zum Beispiel in Berlin hatte auch mit Erfahrungen zu tun, die wir erst sammeln mußten. Eine Studie ergab, daß man, um tausend Wohnungen im Zentrum zu bauen, soundso viel Mieter umsiedeln, soundso viel Freiflächen schaffen, soundso viel Installationen vornehmen mußte. Das Resultat war, daß keine Effektivität zu erreichen war. So kam es zu der Strategie, mit allen Kräften zunächst draußen zu bauen, und dann in den achtziger Jahren den Rückzug in die Stadt vorzunehmen. Dazu kam es bekanntlich in spürbarem Umfang nicht mehr.

Statt dessen kam es zu zwei Kategorien im Wohnungsbau. Hier der Neubau für die Verdienten und die jungen Leute, da die vor sich hin gammelnden alten Klamotten für die Alten und für die weniger Aktiven.

Knut Holm: Das war ein aufschlußreicher Exkurs, sicher für jeden, der heute mit dem Plattenlied konfrontiert wird. Lassen wir uns zu Ihrem Lebensbauwerk vorstoßen. Eines Tages gab Ihnen jemand den Auftrag, den Palast der Republik zu entwerfen. Wie nahmen Sie das auf?

Prof. Heinz Graffunder: Es war ein wenig anders. Eines Tages hatte mich der Bauminister angerufen und gesagt, ich solle doch mal eine Studie für ein Mehrzweckgebäude aufs Reißbrett bringen. Seine fünf Vorgaben ließen allerdings keinen Zweifel daran, daß es sich nicht um ein Gartenrestaurant handeln konnte. Ein Saal mit 5000 Plätzen, ein Saal für die Volkskammer, Restaurants für beide und eine Ehrentribüne für Demonstrationen. Zunächst wurde nur ein Konzept von mir erwartet, um

sich ein Bild von dessen Ergebnis und Konsequenzen zu machen. Man nannte mir eine Summe, mit der ich auskommen sollte, und dann war ich mit dem Problem und zehn weiteren Mitstreitern, mit denen ich in Klausur ging, allein. Nach Wochen angestrengtester Arbeit haben wir dann die Grundlösung gefunden, die jetzt in der gebauten Fassung die Gemüter so sehr erregt und die zu meiner Überraschung bestätigt wurde.

Knut Holm: Wurden auch neue Lösungen für diesen Bau gefordert?

Prof. Heinz Graffunder: Man bewilligte zum Beispiel die Stahlbaukonstruktion – der Stahl wurde dann aufwendig mit englischem Asbestzement ummantelt –, um den Industrie- und Wohnungsbau nicht zu beeinträchtigen. Ich persönlich war froh über den Stahl, weil man ja damit anders gestalten kann. Ich hatte allerdings Mühe, mir vorzustellen, wie dieser riesige Bau in Gang kommen sollte. Deshalb war ich glücklich, als Prof. Gißke als Aufbauleiter benannt wurde.

Knut Holm: Wie wuchsen Ihre Vorstellungen?

Prof. Heinz Graffunder: Außer den schon erwähnten Vorgaben war vor allem unsere Phantasie gefragt, eine solch einmalige Bauaufgabe gestalterisch und funktionell zu formen. Ich war froh, daß dieser Palast auf dem Marx-Engels-Platz entstehen sollte. Es hatte früher schon mal Vorstellungen gegeben, auf der anderen Seite der Spree ein Hochhaus für Regierung und Volkskammer zu errichten. Dafür hatte ich 1960 im Stab von Hermann Henselmann schon an einer Studie mitgearbeitet. Das war dort, wo jetzt das Marx-Engels-Denkmal steht. Damals hatte man auch zwei Kernbohrungen ausgelöst, die hundert Meter in die Tiefe gingen und sich später als nützlich erwiesen, als die Fundamente für den Fernsehturm berechnet werden mußten. Die Bohrung ergab übrigens auch, daß in einer Tiefe von siebzig, achtzig Metern Braunkohle liegt.

Knut Holm: Haben Sie die Vorgaben für lösbar gehalten?

Prof. Heinz Graffunder: Wir – damit meine ich hochbegabte und motivierte Architekten, Ingenieure und Mitarbeiter – haben für uns eine Olympiade in zwei Schichten gelebt, um dieses Bauwerk an diesem hochkarätigen Standort als Haus des Volkes zu zwingen. Wir gingen davon aus, daß wir uns in einem historisch geprägten Bauensemble bewegten, auch wenn davon nicht allzu viel übriggeblieben war. Um so mehr haben wir uns dem verpflichtet gefühlt. Zu diesem Zeitpunkt war der Dom ja auch noch Ruine. Eine unserer ersten Prämissen lautete, die Höhe der Häuser Unter den Linden einzuhalten. Da diese ja auch beim Staatsratsgebäude eingehalten worden war, blieb als einziger konträrer Faktor das Außenministerium. Das stand bereits und stammte aus der Ära der bereits erwähnten Hochhauskonzeption. Dieses Gebäude verletzte damit die übrige gewachsene Struktur der Innenstadt, bis hin zur Friedrichstraße, und ignorierte gesamtstädtisches Denken. Für unsere Planung stand das Außenministerium natürlich nicht zur Disposition. Die nächsten Überlegungen galten dem Dom. Wir gingen davon aus, daß er erhalten blieb. Damit war also die Kuppel als Element des Platzes gegeben. Jede Lösung mit zum Beispiel hängenden Stahldächern oder anderen kühnen Konstruktionen mußte neben dieser Kuppel lächerlich wirken. So entschlossen wir uns beim Dach des Palastes für eine funktional strukturierte Architektur mit den Kuben beider Säle. Eine ganz lakonische, klare Struktur. Das Höhersetzen haben wir dann nur getan, um mit den Massen des Domes überhaupt fertig zu werden. Beim Lustgarten lag uns viel daran, die Schinkelsche Fassung wiederherstellen zu können, deshalb haben wir die Straße von den Linden kommend über die Insel angehoben und den Lustgarten eingefaßt.

Knut Holm: Hatten Sie nach der Wende mit solchem Streit über den Palast gerechnet?

Prof. Heinz Graffunder: Nein. Die Erkenntnisse über die Wirkung von Asbest stammen bekanntlich aus den acht-

ziger Jahren. Danach war mir nur klar, daß er eines Tages saniert werden müßte. Nach dem ersten Schreck und mitten während des Trommelfeuers gegen den Palast haben wir uns 1992 hingesetzt und einen Vorschlag unterbreitet, wie man den Platz unter Erhaltung des Palastes neu gestalten könnte. Lothar Arzt, Lothar Gericke und ich haben dazu gemeinsam zwei Varianten entwikkelt. Die eine sieht das Vorsetzen eines Teiles des alten Schlosses vor, die andere berücksichtigt den Charakter der Museumsinsel und hat ein übergreifendes, begrüntes und begehbares Dach über beiden Bauwerken. Dadurch sollen die nähere wie auch die ältere Vergangenheit zusammengeklammert werden.

Knut Holm: Ist dieser Vorschlag von den heute Zuständigen zur Kenntnis genommen worden?

Prof. Heinz Graffunder: In der Öffentlichkeit nicht.

Knut Holm: Droht überhaupt die Gefahr, daß mit dem Abriß des Palastes morgen begonnen wird?

Prof. Heinz Graffunder: Sicher nicht. Die Regierung müßte das Geld dafür bewilligen, und das könnte nur der Umzugssumme entnommen werden. Man wird sich wohl darauf konzentrieren müssen, vorhandene Bauwerke zu nutzen. Es gibt da schon ein gutes Beispiel. Das ehemalige Volksbildungsministerium an der Ecke Unter den Linden, Grotewohlstraße – jetzt Wilhelmstraße – wird auf hervorragende Weise saniert. Der rechte Berliner CDU-Flügel, der dogmatisch den Palastabriß fordert, wird möglicherweise eines Tages auch zu der Erkenntnis gelangen, daß man bei der Stadtentwicklung in größeren Zeiträumen denken muß. Jeder logisch denkende Mensch wird zur Kenntnis nehmen, daß auf dem freien Markt wie wild Büroräume gebaut werden. In den vorhandenen Bauten stehen Büroräume zur Verfügung. Die Bundesregierung verwaltet Steuergelder. Kann sie es sich leisten, diese Steuergelder in Abrißvorhaben zu stecken? Nehmen wir das Staatsratsgebäude. Die Initiative Spreeinsel, der ich auch angehöre, hat sich da Gedanken gemacht. Es gibt die Idee eines Berlin-Pavillons. Erst sollte er am Brandenburger Tor errichtet werden, jetzt ist er schon an der Friedrichwerderschen Kirche angelangt. Das Staatsratsgebäude bietet hervorragende Räume, die sich für Ausstellungen eignen. Also: Keine Mark für diesen Pavillon, sondern höchstens die Kosten für die Sanierung des Staatsratsgebäudes. Das wäre eine Möglichkeit, politisch neutral und nützlich für lange Zeit. Was den Palast angeht, stellt sich die Frage ähnlich. Wir sagen, wir bemühen uns um Investoren, die in der Lage sind, dieses Gebäude ohne einen Pfennig aus öffentlicher Hand zu sanieren, so daß es für die nächsten dreißig Jahre nutzbar wäre. In diesen dreißig Jahren wäre genügend Zeit, nachzudenken, auch darüber, was ringsherum gebaut werden soll. Und dann könnte man sich entscheiden, eine solche Vorbau-Variante, wie wir sie angedacht haben, zu wählen, oder unsere Kinder entscheiden sich anders. Der Palast war – was heute viele nicht wissen oder wahrhaben wollen – ein öffentliches Haus, und das war eine Leistung an diesem Standort. 1918 war zwar das Schloß enteignet, aber nie konsequent im Sinne der Möglichkeiten der jungen Demokratie genutzt worden. Als ich als Schüler hindurchgeführt wurde, blieb bei mir nur die Erinnerung an einen grauen, düsteren Bau. Er hatte wenig Einladendes. Sicher könnte man heute bei der Lösung, einen Teil des Schlosses vor den Palast zu bauen, vielleicht als Stadtmuseum über 750 Jahre Geschichte der Stadt, ganz konkret werden und es zu einem aktiven Museum gestalten. Der Raum auf der Spreeinsel würde für mich eine Architekturlandschaft darstellen, die zu erleben ist. Das wäre – davon bin ich überzeugt – ein Standardziel für jeden Ausländer, der nach Berlin kommt. Die Öffentlichkeitsnutzung des Palastes war 1976 der Beginn einer neuen Tradition an diesem Platz. Daran läßt sich nicht rütteln.

Knut Holm: Fürchten wir mal, Vernunft spielt bei alldem keine Rolle – wir haben ja leider genügend Bei-

spiele dafür erfahren müssen –, und morgen wollte man beginnen, den Palast abzureißen. Kann man sich das technisch überhaupt vorstellen?

Prof. Heinz Graffunder: Das geht von heute auf morgen überhaupt nicht. Jeder Ingenieur weiß, was die Folgen wären. Der Palast schwimmt in einer riesigen Wanne wie ein Schiff auf dem Grundwasser. Würde man also die Abrißbirne in Aktion setzen, würden Auftriebskräfte zu wirken beginnen, die abgefangen werden müßten. Hinzu kommt, daß die Ufermauer ein Teil des Gebäudes ist. Natürlich kann man den Palast abreißen, aber eben nur unter ganz bestimmten Bedingungen, und die zunächst einmal zu Papier zu bringen, würde schon Millionen verschlingen. Viel wichtiger aber ist ja die Feststellung, daß alles in diesem Palast vorhanden ist, was jetzt als Ergebnis des Wettbewerbs in dem Kongreßzentrum entstehen soll. Zumal wir im Palast einen teilbaren Saal haben, der Veranstaltungen für 500 oder auch für 5000 Teilnehmer ermöglicht. Ob da ein paar Sitzplätze mehr oder weniger in den Restaurants vorgesehen sind, spielt doch keine Rolle. Nachher wird doch nur gefragt, wo Pavarotti singt oder wo die Grünen ihren Öko-Kongreß abhalten.

Knut Holm: Was kostet jetzt der Palast?

Prof. Heinz Graffunder: Es heißt, 10 000 DM pro Tag. Hätte man sich schon früher für eine vernünftige Lösung entschieden, hätte dieses Geld für die Sanierung verwendet werden können. Es fällt nicht schwer auszurechnen, daß in hundert Tagen eine Million verbraucht wird.

Knut Holm: Woran arbeiten Sie jetzt?

Prof. Heinz Graffunder: Am Palast, allerdings nur in der Hobbyschicht. Tagsüber kümmere ich mich um ein Wohn- und Geschäftshaus am Friedrichshain, Lückenbebauungen und andere nützliche Projekte mehr.

Heinz Graffunder

Daten, Fakten, Zahlen

Der Palast der Republik gliedert sich in die Hauptbereiche
- Großer Saal
- Foyers
- Volkskammer

Weitere Bereiche sind Gastronomie, Erdgeschoßzone, Spreestuben sowie Balkonterrassen mit ständiger Ehrentribüne und Außenanlagen mit Pflanzbeeten.
Der Palast der Republik ist 180 m lang und 86 m breit (ohne Balkone). Die Höhe des Gesimses beträgt 25 m, die Höhe der Saalbauten 32 m.

Der Große Saal

Er ist sehr vielseitig nutzbar, so für politische, kulturelle und wissenschaftliche Großveranstaltungen. Mittels umfangreicher Technik ist die Veränderung der Platzkapazitäten und Saalgrößen möglich. Die Nutzung des Saales wird durch vielfältige Formen bestimmt: mit oder ohne Rang, in Teilungen von drei, zwei oder einem Sechstel Größe, mit ebenem Parkett und mit variablen Aktionsflächen (Podien), aber auch für Arena-Veranstaltungen.
Einige Fakten dazu in Stichpunkten:
- ca. 5000 Sitzplätze; davon 3374 Parkett und 1462 Rang
Jeder Platz ist ausgestattet mit schwenkbarer Schreibplatte, Fremdsprachenanschluß und Konferenzlautsprecher.
- Größte Saalhöhe 18 m, größte Breite 67 m
- 2 Hubtürme wahlweise für 380 Plätze oder als Aktionsfläche

• 6 Schwenkparketts mit 1628 Plätzen
• je 4 Roll- und Senkwände zur vertikalen Teilung des Saales
• 24 Deckenplafonds um 5,50 m absenkbar, mit je 14 m Seitenlänge und eingebauten Beleuchterbrücken
• 2 Studios (Rundfunk und Fernsehen)
• 2 Großbildübertragungsgeräte (Eidophor) bis 9 x 12 m Bildgröße, Kino- und Dia-Projektierungsgeräte
• 50 Dolmetscher- bzw. Reporterkabinen zur Übertragung von bis zu 24 Fremdsprachen
• 22 Saalzugänge
• elektrische Orgel

Die Foyers im Palast

11 937 m^2 Nutzfläche, ohne Erdgeschoß, Höhe im Hauptfoyer 8,40 m, größte Breite 42 m, größte Länge 86 m
• Zentraler Bereich des Gebäudes zwischen den Eingängen und Garderoben, den Sälen und Restaurants für den Pausenaufenthalt und als allgemeiner Treffpunkt. Weiter Ausblick auf den Marx-Engels-Platz und die Straße Unter den Linden sowie auf Spree und Fernsehturmbereich.
• Im Hauptfoyer die »Galerie des Palastes« mit Wandbildern bedeutender zeitgenössischer Maler der Republik.
• Imbißversorgung im 4. und 5. Geschoß an Bufetts
•»Treffpunkt Foyer« im 4. Geschoß als Theater der kleinen Form und variabel zu nutzendes Podium, Platzkapazität: 150–200 Personen.
• Im 4. und 5. Geschoß Raumteilungen durch Schiebewände für Klubnutzung und andere geschlossene Veranstaltungsformen.
• 16 Fahrtreppen, aufwärts und abwärts schaltbar
• 4 Schnellaufzüge zur Personenbeförderung

Volkskammer

• Ständiger Sitz der Volkskammer, Tagungsort für Plenartagungen
• Plenarsaal mit 787 Plätzen, davon 541 Plätze im Parkett für Abgeordnete und Präsidium und 246 Plätze im Rang für Gäste
• Jeder Abgeordnetenplatz mit eingebauter Schreibplatte, Fremdsprache- und Mikrofonanschluß sowie Konferenzlautsprecher. Prinzip und Doppelsitzanordnung, jeder Abgeordnete sitzt »außen«.
• Größte Saalhöhe 11 m, größte Breite 35 m, größte Länge 29 m
• Projektionsanlagen für 35- und 70-mm-Film, Fernsehen und Dias
• Beratungsräume für alle Fraktionen der Volkskammer, flexibel teilbar durch Faltwände
• Abgeordnetenkabinett

Sitzgruppe in einem Außenfoyer der Volkskammer

Gastronomie

• Öffentliche Nutzung von 13 im Charakter unterschiedlichen Restaurants, Espressos oder Bars mit insgesamt 1494 Plätzen (Winterbetrieb) bzw. 1452 Plätzen und 322 Terrassenplätzen (Sommerbetrieb).
• Zusätzliche Pausenversorgung an Imbißbufetts des 4. und 5. Geschosses sowie der Belegschaft im Betriebsrestaurant
• Zentrale Warenanlieferung und -lagerung sowie Vorbereitung im Kellergeschoß
• Größte gastronomische Einrichtung im 2. Geschoß mit dem Palastrestaurant mit 294 Plätzen (teilbar durch Trennwände), dem Lindenrestaurant und Spreerestaurant mit je 244 Plätzen bzw. bei Sommerbetrieb mit je 212 Plätzen und zusätzlichen 202 Plätzen auf den Balkonterrassen. Tanzflächen vorhanden.

Erdgeschoßzone

• Das Gebäude ist von allen Seiten zugänglich; für Schwerbeschädigte auch stufenfreier Zugang. Hauptportal am Marx-Engels-Platz mit Vorfahrt, Haupttreppen im Winter frostfrei beheizt. Volkskammereingang an der Karl-Liebknecht-Straße mit Vorfahrt. Bühneneingang und -einfahrt an der Rathausstraße.
• Garderobenkapazität insgesamt 4964 Haken, ausreichend für alle Gäste des Hauses. Die Garderobenstände sind nach Bedarf umgestaltbar als Verkaufs- bzw. Servicestände für Kongresse u.ä.
• 12 Kassen für den Kartenverkauf des Veranstaltungsdienstes
• Informationszentrum mit Kundendienst, Kongreßservice, Berlin-Information, automatische Dia-Bild- und Toninformation

• 2 Informationsstände in den Eingangshallen mit »Fernsehzeitung« über Monitore
• Postamt mit 8 Schaltern, 15 Münzfernsprechern, 5 handverm. Telefonen, Telex, Scheck-, Sparkassen- und Bargeldverkehr, Sonderbriefmarken/Stempel
• Postzeitschriftenstand
• 2 Souvenirläden, 1 Basar
• 4 gastronomische Kleinobjekte: Espresso, Milchbar, Moccabar, Klause
• Erste Hilfe
• Zentraltoiletten: Frauen 50 WC, Männer 14 WC und 44 PP, davon 4 WC für Körperbehinderte

Spreestuben

• In Höhe der Spree gelegener Bereich von Freizeiteinrichtungen mit direktem Zugang von außen und vom Hauptfoyer. Davor Uferweg mit Abgüssen Altberliner Spreegeländer.
• Jugendtreff mit 245 Plätzen, 2 Tanzflächen aus poliertem Naturstein – eine davon hydraulisch als Vortragspodium herausfahrbar, Diskothek, Imbißbar, Vortragsraum mit automatischen Dia-Vorführanlagen, Spielgeräte, Billardtische
• Spreebowling mit 142 Plätzen und 8 Bowlingbahnen einschl. vollautomatischer Zähleinrichtung, Rundum-Bar, Abfertigungstisch (Counter) mit Spezialschuhverleih
• Weinstube mit 46 Sitzplätzen; seriöse Spezialgaststätte, gestaltet nach Motiven des Berliner Klassizismus.
• Bierstube mit 33 Sitzplätzen; rustikale Spezialgaststätte, gestaltet nach Motiven des Berliner Barock.

Irmtraud Morgner

Über den Oberbauleiter des Palastes der Republik

Nun interessierte mich natürlich auch, wie ein Oberbauleiter mit so großen Verdiensten beim Stadtzentrumsbau von Berlin und vielen Auszeichnungen selber wohnt. Ich bat also um einen Hausbesuch. »Wie lange soll er dauern, fragte Zirbel, »eine halbe Stunde, eine Stunde?« Wir vereinbarten Donnerstag, siebzehn Uhr bis siebzehn Uhr fünfundvierzig. Die Beschreibung der Wohnlage und der zu ihr führenden Verkehrswege unterstellte, daß ich Fußgängerin bin, und ließ bei Zirbel auf gleichen Status schließen. Kopernikusstraße, zwischen Frankfurter Tor und S-Bahnhof Warschauer Straße gelegen. Ich fragte mich zu einem von Altbauten umgebenen Lückenbau durch, der seinesgleichen gewiß lange suchen muß. Ein Vorderhaus mit Hinterhauseingang. Im Flur des Nebenhauses hängt eine schwarze Tafel, auf die eine Lageskizze des Bauwerks und der verschlungenen Wege zu ihm über Treppen, Hof und Winkel gekreidet ist. Eingang erinnert an Kellertür. Alt erscheinendes Treppenhaus mit raumfressendem Kernschacht, niedriges Geländer, wer hier Kinder hat, muß aus der Angst, daß sie sich zu Tode stürzen könnten, nicht rauskommen. Ich stieg hinauf ins fünfte Stockwerk. Zu zeitig. Aber bald hörte ich leichte hastige Schritte. Eine kleine, kindhafte Frau mit dauergewellter Erwachsenenfrisur, Ingrid Zirbel, schloß die Wohnung auf, an deren Türschild zu lesen steht: »Peter Zirbel«. Eine Einzimmerwohnung. An der Garderobe im winzigen Vorraum bauschen sich Kleidungsstücke, weil für einen Schrank kein Platz ist. Ein langes Perlonkleid von Frau Zirbel hing auch da –

»wenn ich's anziehen will, muß ich's waschen«, sagte die Frau. Das Wohn-, Arbeits-, Eß- und Schlafzimmer ist fünfeckig geschnitten. So, daß die Wohnzimmerschrankwand, Hochglanz, Mahagonidekor, geteilt an drei kurzen Wänden untergebracht werden mußte. An der vierten Wand Schlafcouch, Sesselgarnitur und Kachelofen. Fenster mit Blick auf einen Kohlenplatz. Fünfte Wand: Balkontür. Blick auf Neubauten und Fernsehturm. Der Balkon, winzig, schief geschnitten, mit einem Wort nicht weniger verbaut als die ganze Wohnung, ist nur für Kohlenbevorratung verwendbar. Auch Kochnische und Toilettenraum entsprechen dem geschilderten architektonischen Stil. Einrichtung trotz der grotesken Gegebenheiten adrett. Da ich von Peter Zirbel weder durch Klagen noch durch andere, der Wohnung angemessene Bemerkungen vorbereitet worden war, konnte ich meine Überraschung nicht lange verbergen. Frau Zirbel zeigte mir ruhig den Ort, wo im nächsten Jahr das Kinderbett stehen soll – für nächstes Jahr wäre nämlich Nachwuchs geplant, eine Familie ohne Kinder wäre keine. Beim BMK Ingenieurhochbau würden die Wohnungen streng nach Schlüssel und Warteliste verteilt, siebzig Prozent der zur Verfügung stehenden Wohnungen bekäme A-Personal (Arbeiter) und die übrigen dreißig Prozent B-Personal (Angestellte). Ihren Mann ärgere das zwar, daß er als Angestellter gerechnet würde, aber 1976 hofften sie, eine AWG-Wohnung zu bekommen. Da Peter Zirbel noch nicht eingetroffen war, blieb Gelegenheit für eine kleine Unterhaltung mit seiner Frau. Ich erfuhr, daß sie Bauzeichner gelernt hatte, bevor sie die Ingenieurfachschule besucht hatte. Interesse für den Beruf weckte bei ihr der Vater, der Zimmermann und im gleichen Betrieb beschäftigt ist wie der Mann. Ingrid Zirbel arbeitet bei IPRO (Industrieprojektierung). Sie beneidet ihren Mann um die Baustellenatmosphäre, die sie der unterm Dach entschieden vorzieht. »Ich bin überhaupt gern draußen«, sagte Ingrid Zirbel, »unter Menschen, ja. Über

Wochenend zu Hause, da komm' ich um. Von klein auf bin ich Dauercamping gewöhnt. Im Betrieb stinkt man zwar ab, wenn man kein Grundstück hat, Zelten ist nicht angesehen. Aber das ist mir wurscht. Auf einem Grundstück fehlen den Kindern die Spielgefährten, und 'ne Frau hat nur Arbeit, am meisten, wenn Besuch kommt. Aber Geselligkeit ohne Last, Umgang mit vielen Leuten zum Reden, Baden, Volleyballspielen fehlt: Gemeinschaft. Nein, die Mölle ist das Schönste«, sagte Ingrid Zirbel begeistert (gemeint ist der Möllensee in Grünheide). »Da haben sich zwei Camping-Fanatiker gesucht und gefunden«, werfe ich ein. »Wieso«, erwidert Ingrid Zirbel schmunzelnd, »mein Mann ist erst Camping-Fanatiker, seit er mich kennt. Ich habe ihn dazu gemacht. Kennse die Mölle? Ideal! Und: Es gibt kein Fernsehen! Kein Fernsehen ist herrlich. Ich finde nämlich, daß Fernsehen ungesellig macht, ich find's gemeinschaftsstörend im Prinzip. Das heißt nicht, daß ich mir nicht mal 'n Fernsehspiel anseh' oder 'ne aktuelle Sendung oder so – aber diese Sucht ...« – »Und Sportsendungen?« fragte ich. »Mein Mann sieht möglichst alle Sportsendungen im Fernsehen, ›die Olympiade wird 'ne Prüfung für dich‹, hat er gesagt, als wir uns kennenlernten. Und da konnte ich wirklich auch nur vollen Teller hinstellen, leeren abholen und so weiter. Alle Fußballspiele muß er sehen, wenn ein Kasten verfügbar ist. Er kann nicht warten, bis die Oberligaergebnisse am anderen Morgen in der Zeitung zu lesen sind. Er muß wach bleiben, bis sie im Fernsehen gesendet sind. Er interessiert sich für alle Sportarten außer Motorsport, kennt alle Spitzenleistungen. Ich interessierte mich auch für Sport, stand jahrelang aktiv im Wettkampfbetrieb, Schwimmen, Federball, aber ich interessiere mich mehr aktiv für Sport, weniger als Zuschauer, und nicht für alle Sportarten. Leichtathletik als Leistungssport interessiert mich zum Beispiel nicht, eine Zehntelsekunde zum Lebensinhalt zu machen, dafür erscheint mir das Leben zu kostbar. Aber meinen Mann imponieren eben Leistungen, in jeglicher Form. Ja, diese Fußballeidenschaft ... und das Fernstudium noch ... Also manchmal ist es schon schwer. Solange er das Fernstudium hat, kann ich natürlich gar nichts von ihm verlangen, da ist nichts mit Helfen, da nehm' ich ihm alles ab. Ich hab ja auch mehr freie Zeit als er. Abends hör ich mitunter ein Hörspiel mit Kopfhörern. Oder ich les'. Die Bücher von meinem Mann les' ich jetzt, John Knittel, Hans Dominik und so. Da meine Eltern das Schlafzimmer nie abgedunkelt hatten, fällt es mir nicht schwer, bei Licht zu schlafen. Die Zeit, in der mein Mann Zeit erübrigen kann zu helfen, gab's noch nicht. Aber ich bin überzeugt, daß sie mal kommen wird.« – »Könnten Sie sich vorstellen, daß ein Mann sich so nach einer Frau richtet, wie Sie sich nach Ihrem Mann richten?« fragte ich. – »Nein«, antwortete Ingrid Zirbel, »das hat er auch gleich gesagt, als wir uns kennenlernten, ›so was ist bei mir nicht drin‹, hat er gesagt. Aber ich weiß natürlich auch, was ich will, und manchmal nennt er mich dann ›meine kleine emanzipierte Zicke‹. Nur: Einen Mann, der weniger kann als ich, der unter mir steht sozusagen, so einen tät' ich nicht nehmen.«

Richtfestspruch

Verehrte Gäste, Freunde und Genossen!
Ein gutes Haus braucht einen guten Plan.
Wir hatten ihn und taten wie beschlossen.
Ein Jahr ist kurz. Doch Großes ist getan!

Hier legte Liebknecht einst in heißen Tagen
das Fundament für eine bessere Welt.
Wir haben darauf gebaut und dürfen sagen:
Dies ist ein Baugrund, der uns sicher hält!

Und heut erhebt sich hier nun, wohlgeraten,
umweht von Wünschen und vom guten Wind,
ein Haus des Volkes und ein Haus der Taten
für jene, die des Volks Vertreter sind!

Wir danken allen, die geholfen haben,
daß gut gelang, was wir heut stolz besehn,
den Menschen, die ihre Kräfte gaben,
und denen mit den zündenden Ideen!

Wir danken allen! Und in diesem Falle
kommt hierzulande jeder in Betracht;
denn Bauherrn sind wir schließlich alle.
Und wer hat nicht im Herzen mitgemacht?!

Bald öffnest du das Tor dem ersten Gast.
Musik erklingt, und Stimmen werden laut.
Drum sei der Richtspruch Friede unserem Palast,
den Volkes Kraft zum Wohl des Volkes baut!

Hier werden Mut und Freude sich vereinen!
In ihm wird Frohsinn wohnen und auch Glück!
Denn hinter diesen festen Marmorsteinen,
da schlägt das Herz der ganzen Republik!

Neues Deutschland, 24./25. April 1976

Der Palast der Republik ist eröffnet

Seine Erbauer waren die ersten Gäste/Herzliches Willkommen für Mitglieder der Partei- und Staatsführung/Wolfgang Junker sprach Worte zur Eröffnung / Festliches Programm im Großen Saal/Erich Honecker dankte allen, die zum Bau beigetragen haben/Ball der Bauleute in allen Räumen

Berlin (ND). Der Palast der Republik im Zentrum der Hauptstadt der DDR, am Marx-Engels-Platz, ist am Freitagnachmittag nach 32monatiger Bauzeit feierlich eröffnet worden. Bau- und Montagearbeiter, Werktätige der Zulieferindustrie, Kulturschaffende und Soldaten unserer Nationalen Volksarmee, die sich um den Bau dieses neuen würdigen Wahrzeichens unsrer Hauptstadt Berlin verdient gemacht haben, waren mit ihren Ehepartnern die 3800 Gäste der Eröffnungsveranstaltung. Herzlich begrüßten sie in ihrer Mitte den Ersten Sekretär des ZK der SED, Erich Honecker, die Mitglieder des Politbüros des ZK der SED Willi Stoph, Vorsitzender des Staatsrates, und Horst Sindermann, Vorsitzender des Ministerrates, sowie weitere Mitglieder der Partei- und Staatsführung.
Nach Worten zur Eröffnung, die Wolfgang Junker, Mitglied des ZK der SED und Minister für Bauwesen, sprach, gestalteten hervorragende Künstler des In- und Auslands im Großen Saal des Palastes ein mehrstündiges, mitreißendes und fröhliches Festprogramm. Während eines anschließenden Banketts dankte der Erste Sekretär des Zentralkomitees der SED allen am Bau beteiligten Kollektiven mit herzlichen Worten für ihre ausgezeichnete Arbeit. Mit einem Ball der Bauleute in sämtlichen Räumen des Palastes klang der denkwürdige Tag aus. Alle, die in diesen unvergeßlichen Stunden dabei waren, sind sich einig: So etwas wie diesen Palast hat es noch nie gegeben.

Der Palast der Republik wird ein Haus des Volkes sein. Von morgen an werden hier die Bürger der Hauptstadt und des ganzen Landes vielfältige Möglichkeiten haben, kulturvolle Stunden der Entspannung, der Bildung und der Geselligkeit zu verleben.

(Vorspann eines vierseitigen Artikels)

Die Westpresse beachtete die Eröffnungsfeier kaum. In der BZ des Axel-Springer-Verlages gab es nur eine kurze Notiz, und die Morgenpost vom 23. April 1976 berichtete folgendes:

Wunder

Als Berliner Wunderkind aus der Reinickendorfer Epensteinstraße machte sie in den sechziger Jahren Karriere. Mit ihrem Hit »Wunder gibt es immer wieder« sang sich Katja Ebstein in die Herzen ihrer Verehrerschar. Jetzt, da ihre Karriere einen neuen Höhenflug gut verkraften könnte, läßt sie erneut an Wunder glauben.
Bei der heutigen Eröffnungsfeier des Ostberliner »Palast der Republik« gehört Katja Epstein zu der auftretenden Sängerschar – bei einer Veranstaltung, zu der nicht etwa ihre Ostberliner Fans Zutritt haben, sondern die Parteispitzen.
Ob die »liebe Berliner Göre«, als die sie immer wieder ebenso unsachlich wie überflüssig betitelt wird, auf dieses Angebot stolz ist, konnte nicht geklärt werden: ihr Manager und neuer Lebensgefährte Klaus Überall erklärte am Telefon, daß ihm nähere Einzelheiten nicht bekannt seien.
Fest dürfte jedoch stehen, daß sich Katja Epstein ihren Wunderglauben erhalten hat, wenn sie aus freien Stücken mit Erich Honekker das Lied »Wenn der neue Tag erwacht« anstimmen wird. Und wann wacht Katja Epstein auf?

Richtfest

Chronik des Bauablaufes

27. März 1973
Beschluß des Politbüros des ZK der SED über den Wohnungsbau der Hauptstadt bis 1980 und über den Aufbau des Palastes der Republik

Juni/Juli 1973
Erste Leitungsumverlegungen auf dem Marx-Engels-Platz

13. August 1973 bis 15. Dezember 1973
Ausschacht

05. Oktober 1973 bis 15. März 1974
Betonieren an der Fundamentplatte, Gründungsarbeiten

22. Oktober 1973
Übergabe der Dokumentation zur Investvorentscheidung an den Generalauftragnehmer

02. November 1973
Grundsteinlegung

26. November 1973 bis 15. März 1974
Gleitbeginn am Kern 1 und Errichtung der Gleitkerne 1–8

05. März 1974 bis 15. November 1974
Montage der Stahlbautragkonstruktionen

10. Mai 1974 bis 25. November 1974
Decken- und Dachplattenmontage

29. Juni 1974 bis 23. Dezember 1974
Montage der Fassaden

01. Juli 1974 bis Dezember 1974
Erste Dachdichtung

18. November 1974
Richtfest

12. März 1975
Beginn der Erarbeitung des Organisationsprojektes mit nutzungsgerechter Dokumentation

30. Juni 1975
Abschluß der Ausbauprojektierung

Baumaterialien

205 000 m³	Erdboden- und Trümmerausschacht
60 100 m³	Monolith. Beton (ohne monolith. Decken und Estriche)
80 000 m²	Stahlbeton-Fertigteildecken- und Dachplatten (16 686 Stück)
8,2 Mill.	NF Ziegel
22 000 t	Stahltragkonstruktionen
8059 m²	Stahl-Aluminium-Fassadenflächen mit sonnenreflektierendem Thermoglas
17 868 m²	Marmorverkleidungen für Fassaden und Fußböden
19 155 m²	Granitverkleidungen für Fassaden und Fußböden
7673 m²	Terrassenflächen der Erdgeschoßzone (in Granit)
davon:	
1331 m²	Freitreppen und Rampen
1386 m²	Pflanzkästen
236 m²	Kleinpflaster
zusätzlich	
423 m²	Fußwegflächen in Granit
1931 m²	Balkonflächen im 2. Geschoß
davon:	
118 m²	Ehrentribühne
240 m²	8 Stck. Freitreppen
40 947 m²	Unterdecken aus Gips DP 600/600 Typ »Palast«
11 063 m²	Monolith. Unterdecken aus Stuckgips
9551 m²	Unterdecken aus Leichtmetallkassetten LMK 600
rd. 34 000 m²	textile synth. Fußbodenbeläge
rd. 5000 Stck.	Stahlrohrstühle und -sessel verchromt
rd. 2500 Stck.	Türen
1500 m²	Ausstellungsflächen, flexibel montierbar
9873 Stck.	Kugeleffektleuchten

Was passierte im Palast der Republik?

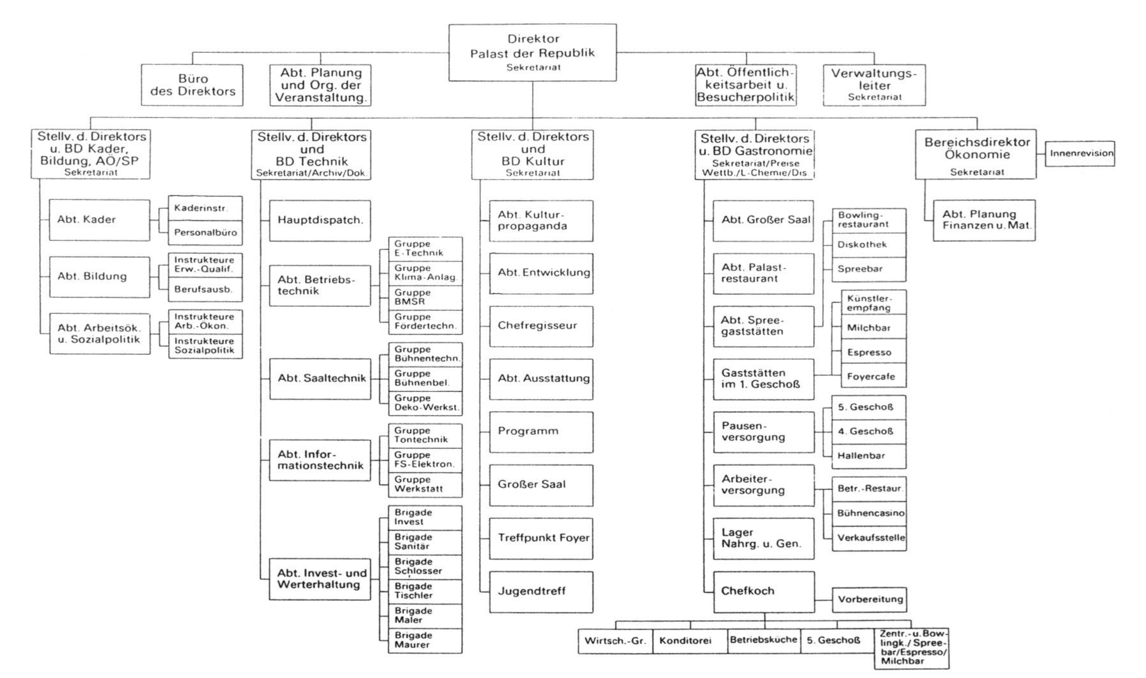

Hierarchie des Mitarbeiterstabs

Wolf R. Eisentraut

Ein aufmerksamer Besucher

Goldgelb glänzt im Abendlicht die Fassade des Palastes. Wir bummeln Unter den Linden, überschreiten neugierig die Schloßbrücke und stehen dem großen Bau gegenüber, der mit seiner modernen Architektursprache so spannungsvoll mit der ornamentreichen Wilhelminischen Architektur des Berliner Doms kontrastiert. Besonders die Spiegeleffekte an der Nordfassade zeigen Dom und Palast in überraschendem Zusammenwirken. War das beim Bau des Hauses ein Versehen der Kommunisten oder Sensibilität der Architekten? Wie auch immer, wir wollen sehen, ob das Haus auch im Inneren hält, was es nach außen mit gediegener Fassade aus Marmor und goldfarbenem Glas verspricht. Über dem Mittelportal ragt der Fernsehturm mit seiner facettierten Kugel in den Himmel. Vorbei an der belebten Kaffeeterrasse mit Blick auf das Alte Museum schreiten wir ins Haus, der Versuchung des Kaffeegenusses zunächst widerstehend. Wieso schreiten wir? Nach dem Eintritt durch das Hauptportal bietet sich der überraschende Anblick einer dreigeschossigen Vorhalle mit großer breiter Treppe, die hinauf in das Hauptfoyer führt und die, vielleicht in entfernter Nachfolge der berühmten Treppenanlage Garniers in der Pariser Oper, schon ein wenig an ein erhabenes Raumerlebnis erinnert und unser Schrittmaß in ihren Rhythmus zwingt. Geschickt sind hinter den Treppen im Erdgeschoß Garderobenanlagen für alle Besucher versteckt und dennoch gut erreichbar, die Eingangshalle bietet Durchblicke zu Cafés, Buch- und Souvenirläden und sogar zu einem Postamt, das bei

internationalen Kongressen und Veranstaltungen im Hause durchaus seine Berechtigung hat.

Wir aber steigen empor zum Foyer, zu der großen zweigeschossigen Halle des Hauses, umgeben von einer balkonartigen Galerie, gerahmt von 16 Wandbildern und bekrönt von 1000 Leuchten, als »Erichs Lampenladen« hinreichend bekannt. Aber im Unterschied zu einem Lampenladen sind die Leuchten wohlgeordnet und geben sternenhimmelartig dem Raum ein Leuchten und Funkeln. Es ist überraschend, wie die von außen scheinbar geschlossene und reflektierende Glasfassade von innen nahezu entmaterialisiert wirkt und, nur getrennt durch ein schmales Sprossenraster, Foyer und umgebender Stadtraum scheinbar verschmelzen. Die Straße Unter den Linden und das Marx-Engels-Forum mit Fernsehturm sowie Rathaus und Alexanderplatz sind im Foyer gegenwärtig. So wirkt dieses nicht als Vorraum zu den Sälen, sondern als überdachte Fortführung des Stadtraumes, Verweilraum und Begegnungsstätte zugleich, offen für jedermann bis Mitternacht. Die Hallenbar auf der Galerieebene ist ebenso Teil des Raumes wie auch Ausblicksinsel auf Spree und Fernsehturm. Weiße Marmorsäulen in sachlicher, dem Steinschnitt entsprechender Gliederung geben dem Innenraum Maßstab und Proportion, farbiger Marmor, als moderne Intarsie verlegt, verleiht dem Fußboden Glanz. Verhaltene Festlichkeit vermittelt dieser Raum.

Die Qual der Wahl, sich für eine der Veranstaltungen zu entscheiden, war durch Vorverkauf genommen. Der Große Saal ist unser Ziel. Ein Musical wird gegeben. Beim Betreten schon entfaltet der Saal seine Wirkung. Durch geschickte Aufgliederung der 5000 Sitzplätze entsteht Überschaubarkeit und Maßstäblichkeit. Besonders überraschend ist aber, daß aufgrund der amphitheatralischen Form jeder Platz nahe der Bühne ist, die hier als ein von Sitzreihen umfaßtes großes Podium erscheint. Dazu kommt die Bequemlichkeit der Sessel, die nicht wie üblich, ökonomischem Druck gehorchend, eng, sondern mit angemessenem Reihenabstand nahezu luxuriös gestellt sind. Schließlich die starke Neigung der Parkettebenen, die die enge Beziehung der szenischen Darbietung zum Besucher noch unterstützt.

In der Gliederung der Decken und Wände, hexagonal wie die ganze Saalform, ist die vielfache Unterteilbarkeit des Saales zu erkennen. Wir wissen aus Berichten, wie sich der Saal mit geneigten Reihen quasi per Knopfdruck zu einem Bankettsaal mit ebenem Fußboden und Tischmöblierung verwandeln kann. Auch bei der heutigen Aufführung wird die Saaltechnik für überraschende Effekte eingesetzt. Das sich verändernde Podium, Rückprojektionen im großen Maßstab und sehr gute Beschallungstechnik unterstützen den Auftritt der Tanzkompanie effektvoll. In der Pause zeigt sich der Vorteil der Großräumigkeit des Hauses: Ohne Gedränge und Eile gelangen die Besucher in die Erfrischungsfoyers in den oberen Geschossen, breite Tresen bewältigen den in kurzer Zeit durch Rolltreppen beförderten Besucherstrom. Die klare Grundrißgliederung macht Orientierungssysteme überflüssig. Unterschiedliche Farben der Fußbodenbeläge kennzeichnen die Geschosse.

Vorbei am Theater im Palast im vierten Geschoß, das unser Interesse weckt mit einer szenischen Lesung am späten Abend, gelangen wir wieder in den Großen Saal. Der Ausklang des Abends sollte ein Besuch im Lindenrestaurant sein, das den Blick freigibt auf die abendlich beleuchteten Linden und das Brandenburger Tor bis hin zur Goldelse. Doch die Verlockung eines späten Theaterbesuches gebietet Beschränkung auf einen kleinen Snack, um rechtzeitig zur Vorstellung zu kommen.

Auch hier erwartet uns eine Überraschung. Keine hörsaaltypische Aufreihung der Stühle mit einem Podium, sondern eine Landschaft aus unterschiedlich hohen Podesten, auf denen einmal Zuschauersitzreihen, zum anderen Stühle für die Schauspieler arrangiert sind. Wir lassen uns von den freundlichen Damen des Hauses erklären, daß dies eben die Spezifik dieses Theaterraumes ausmacht: Ein neutraler, foyerartiger Raum, der sich durch entsprechende technische Vorkehrungen in Gliederung und Aussehen jeweils für die betreffende Inszenierung verwandelt, der Raum gehört zum Bühnenbild. Es gibt keine vorgeprägte Raumaufteilung, keinen Bühnenvorhang, aber viele Punktzüge in der Decke, die Beleuchtung, Beschallung und Dekorationen aufnehmen. Heute spielt sogar die Stadt Berlin mit, indem die Sitzpodeste so angeordnet sind, daß sich einmal die Zuschauer in der Glasfassade spiegeln, zum anderen aber der Blick nach draußen schweifen kann – ganz so, wie das Heinrich Heine schon vor langer Zeit geschrieben hatte.

Erfüllt von den Eindrücken der Lesung, verlassen wir das Theater, bummeln durch die Geschosse des großen Foyers, in dem es zu später Stunde etwas ruhiger, aber dennoch belebt ist. Wir stärken uns mit einem Drink namens Palast-Cocktail – und gehen dann durch den Spreeausgang in Richtung Alexanderplatz zur S-Bahn. Aus den Räumen am Spreeufer, die unmittelbar am Wasser liegen, dringt fröhliche Stimmung, hämmernd aus der Diskothek, rumpelnd aus der Bowlingbahn, derber aus der Bier- und besinnlicher aus der Weinstube.

Nach dem Überqueren der Spreebrücke wenden wir uns noch einmal zurück und sehen das erleuchtete Gebäude des Palastes mit seiner beeindruckenden Spreefront. Die reflektierenden Fassaden sind scheinbar geöffnet, lassen den Blick in das Gebäude hinein und machen seine Struktur durchschaubar.

Mit freudiger Erwartung gehen wir nach Hause, in der Tasche Einladungen zu einem wissenschaftlichen Kolloquium, das im ehemaligen Volkskammersaal stattfinden soll und uns wieder in diesen Palast führen wird.

Natürlich ist das ein fiktiver Erlebnistag im Palast: Doch um solche Nutzung zu ermöglichen, haben wir ihn entworfen, und so oder ähnlich wurde er auch genutzt.

Peter Ensikat

Mein Palast der Republik

Nein, mit dieser Überschrift will ich nicht meine Alteigentümer-Ansprüche auf diesen Palast anmelden. Angesichts der Absurdität vieler solcher Ansprüche frage ich mich allerdings schon manchmal, ob ich's nicht auch mal versuchen sollte. Denn wieso müssen diese Ansprüche immer nur aus München, Stuttgart oder Düsseldorf kommen? Kann nicht ein kleines Stück des Ostens auch mal einem Ostdeutschen gehört haben? Nun ja, der Boden, auf dem der Palast (noch) steht, dürfte wohl eindeutig den Hohenzollern gehört haben. Diese wurden zwar vor langer Zeit schon einmal gründlich abgefunden. Aber wir wissen ja inzwischen, wie viele von denen, die einmal abgefunden wurden, sich damit durchaus noch nicht abgefunden haben. Ein Rechtsstaat mag eine klare Sache sein, ein Rechtsweg kennt viele Umgehungsstraßen. Aber lassen wir das ...

Als seinerzeit in der leergebombten und gesprengten Mitte Berlins jener Palast der Republik eingeweiht wurde, war Ost-Berlin – die Mitte lag nun mal im Osten damals – längst pleite. Das wußte allerdings kaum einer. Heute ist ganz Berlin pleite, und alle wissen es. Aber überall in der Stadt werden Konsum-, Bank- und Büropaläste gebaut, die nicht wegen Schließung leerstehen wie eben der Republik-Palast. Sie können wegen Leerstands gar nicht erst eröffnet werden. Aber keiner lacht.

Über den Palast der Republik haben wir schon gelacht, als er noch nicht einmal im Rohbau stand. Wenigstens Witze wurden gemacht über das, was man nicht ändern konnte – über die Renommiersucht der uns regierenden kleinen Leute. Schon den Fernsehturm nannten wir schlicht Renommierpimmel wie dann den Palast Palazzo prozzi oder EDEKA – Erichs Datsche am Kanal. Und als dann die Lichter zum erstenmal angingen in jenem von Partei und Regierung liebevoll »Palast des Volkes« getauften Bauwerk, sprachen wir nur noch von Erichs Lampenladen. Solche Bauten hielten wir damals für Betonklötze der Großmannssucht. Wir hatten ja keine Ahnung, wie Großmannssucht wirklich aussieht.

Für uns wie für die uns regierenden kleinen Provinzfürsten waren bereits westliche Messingmischbatterien geradezu verschwenderischer Luxus. Solcher Luxus – das wußten wir alle, obwohl es Staatsgeheimnis war – hing in den Wandlitzer Naßzellen unserer Politbüro-Greise. Wohl um das Volk einmal an solchem Luxus teilhaben zu lassen, bestellten die herrschenden Bauherren – so ging das Gerücht – die Sanitäranlagen für den Deutschen Demokratischen Palast der Republik im kapitalistischen Schweden. Natürlich war das top secret, sprach sich aber wie alles, was in der DDR so geheim war, in Windeseile herum. Ein zweites Gerücht – und ich bin ein so unbelehrbarer DDR-Bürger, daran noch heute zu glauben, besagte, daß diese Sanitäranlagen in Schweden mehrmals nachbestellt werden mußten. Denn auch auf dieser Großbaustelle des Sozialismus wurde besonders gern gestohlen, was im real-existierenden Sozialismus nicht zu kaufen war. Zwar war die Baustelle strengstens bewacht, aber die Intelligenz der Arbeiterklasse übertraf damals schon bei weitem die Intelligenz ihrer Sicherheitsorgane. Jede noch so kleine Aktentasche jedes ein- oder ausgehenden Bauarbeiters, Bauingenieurs oder Architekten wurde zwar eingehend kontrolliert, aber einen Blick auf die Ladeflächen der ein- und ausfahrenden Baufahrzeuge zu werfen, hat man lange Zeit vergessen. Das übrigens sagt mehr aus über die Effektivität der DDR-Sicherheitsorgane als viele Kilometer Aktenmaterial der Gauck-Behörde.

Was vorher niemand vermutet hatte, traf ein – kaum war der Palast fertig gebaut, da wurde er auch schon von denen angenommen, für die er angeblich gebaut worden war – von den Ost-Berlinern und ihren Gästen. Und das lag gewiß nicht allein an den so besonders luxuriösen Sanitäranlagen des Hauses.

Ich habe ziemlich lange gebraucht, meinen Widerwillen gegen das Prachtstück zu überwinden. Schuld daran, daß es passierte, ist ein Kollege, ein Schauspieler und Regisseur vom Maxim-Gorki-Theater – Jochen Thomas. Er wollte oder sollte eine weihnachtliche Kinderrevue für den Großen Saal des Palastes inszenieren und suchte dafür einen Textautor. Ich habe mich lange gewunden, konnte aber der freundlichen Impertinenz des Jochen Thomas auf Dauer nicht widerstehen. Und was eigentlich sprach gegen einen ganz und gar unsozialistischen Weihnachtsmann in diesem Großbau des Sozialismus?

Der Erfolg der Unternehmung gab der Hartnäckigkeit von Jochen Thomas recht, und aus der einen Weihnachtsrevue wurden viele, die nicht nur im Palast vor ausverkauftem Riesensaal liefen, sondern auch im Fernsehen der DDR regelmäßig übertragen wurden. Das mir besonders Sympathische an der Unternehmung war, daß da Kinder für Kinder sangen, tanzten, spielten. Neulich hörte ich in einer Fernsehreportage über Kinderballett in der DDR, daß auch hierzu nur Kinder von linientreuen Genossen Zugang gehabt hätten. Früher hatte ich immer gedacht, nur die DDR-Propaganda wäre so primitiv, Dinge zu behaupten, die jeder Beteiligte sofort widerlegen könnte. Vieles von dem, was heute über die zu Recht dahingegangene Republik berichtet wird, entspricht in seinem Wahrheitsgehalt in etwa dem, was die offizielle Selbstdarstellung der DDR an Wahrheit enthielt. So wie damals alles gut war, ist heute alles schlecht. Und manchmal hab ich das Gefühl, dieselben Stimmen zu hören, die früher blind jubelten und heute ebenso blind verdammen.

»Der Treff is jut, aba die Idee hatten ooch schon andere!«

Eine andere Revue, für die ich damals Texte schrieb, wurde nicht im Fernsehen der DDR übertragen. Sie hatte den harm- und einfallslosen Titel »Spaß muß sein« und erfreute sich ebenfalls großer Publikumsresonanz, unter anderem weil da im Großen Saal, also allabendlich vor mehreren tausend Zuschauern Dinge gesagt wurden, die man – wenn überhaupt – sonst nur in den Kabarettkellern oder -dachböden dieser Satire fürchtenden Republik zu hören bekam.

Schuld daran, daß ich diesen Satire-Versuch mitmachte, war wiederum ein Schauspieler, diesmal vom Deutschen Theater, Eberhard Esche. Er hatte an seine Zusage, die Revue zu conferieren, die Bedingung geknüpft, daß ich ihm die Texte dafür schriebe. Ich war eitel genug, mich geschmeichelt zu fühlen, von so einem bedeutenden Schauspieler zu seinem Autoren gemacht zu werden, sagte zu, und die Revue lief und lief und wurde erst kurz vor dem Ende der DDR abgesetzt.

Als ich Eberhard Esche einmal fragte, warum er so eine Unterhaltungsrevue mitmache, sprach er den schönen Satz, es wäre nun mal der Traum eines jeden Schauspielers, einmal im weißen Frack eine Revuetreppe hinabzuschreiten. Um das also noch hinzuzufügen – es war nicht alles rot im Palast der Republik. Es gab ganz und gar unpolitische Konzerte, aber eben auch das Fest des Politischen Liedes. Daß auch die SED-Parteitage und andere politische Großveranstaltungen in diesem Palast stattfanden, hinderte nicht einmal erklärte Antikommunisten, das Haus zu betreten. Die Gaststätten des Hauses waren beliebter als manche andere DDR-Restaurants. Das allerdings ist noch kein Qualitätsbeweis. Schließlich gehörten unsere Restaurants neben den Wohnungs- und anderen Ämtern zu den ungastlichsten Stätten der Republik.

Jedenfalls wurde im Palast der Republik ganz und gar unpolitisch gegessen, getrunken, manchmal auch gesoffen, getanzt, gekegelt, gefeiert. Und einmal, als Honecker

bei unser aller Kohl auf Staatsbesuch war, sendete sogar das ZDF aus dem Palast der Republik das Politmagazin »Kennzeichen D«. Und in jener Sendung – wie gesagt, Kohl saß oder stand gerade mit Honecker im Westen herum–, sagte in jener Sendung der SPD-Politiker Egon Bahr im Ost-Berliner Palast der Republik, alles, was er politisch bewirken wollte, sei die Einheit Deutschlands. Das fand damals nicht nur ich ganz und gar unerhört. Daß sich der Bahr getraute, in Ost-Berlin zu sagen, was Kohl in Bonn sich nicht traute, das fand und finde ich zumindest noch heute bedenkenswert.

Aber zurück zum Palast der Republik! Er wurde auch nach dem Sturz der Ost-Berliner Regierung nicht gestürmt, sondern weiter besucht, als habe das Haus mit dem politischen System nichts zu tun.

Erst die letzte Volkskammer, die zugleich die erste von uns frei gewählte war, erkannte dann den politischen Symbolwert dieser Kommunistenfalle. Die Abgeordneten flohen im Sommer 1990 geschlossen aus dem Palast. Daß dies wegen der plötzlich festgestellten Asbestbelastung geschah, kann gar nicht sein. Schließlich flohen unsere mutigen Abgeordneten in ein Haus mit wesentlich höherer Asbestbelastung.

Der Asbestgehalt des Palastes der Republik – das wissen wir jetzt endlich, so viele Jahre nach seiner Eröffnung – ist keine Materialfrage, sondern eine Frage der politischen Grundüberzeugung. Für die, die den Palast erhalten möchten, ist es guter Asbest, zumindest kein schlechterer als der, der sofort nach seiner Entdeckung aus dem West-Berliner ICC entfernt wurde. Für die anderen, die wahren Demokraten also ... Das ist übrigens demokratisches Grundprinzip unserer neuen Demokratie, daß – wenn man selbst Demokrat ist, und das ist man natürlich ohne Frage – die anderen gar keine Demokraten sein können. Für die Demokraten also ist der ganze Palast ein Hort unbelehrbarer Asbestkommunisten, die die ganze Demokratie mit sich und ihrem Asbest verseuchen wollen. Zwar steht noch nicht fest, was man an die Stelle des Palastes stellen sollte, und erst recht nicht, wie man das dann bezahlen könnte. Aber das wußten die Kommunisten damals ja auch nicht, als sie das Berliner Schloß wegreißen ließen, um sich von einem Teil deutscher Geschichte loszusagen, den sie einfach nicht mochten. Damals allerdings ahnte noch kein Mensch, was für ein gutes, demokratisches Argument Asbest sein kann, um deutsche Geschichte zu entsorgen.

Tanzturnier

Karen Baumgardt

Essengehen im Palast

Das war im Jahre 1980,
wir gingen mit Freunden aus der DDR essen:
  1 Stunde warten
  vor der Restauranttür, bis uns Einlaß gewährt wurde
  in ein fast leeres Lokal!

Platz angewiesen – Platz genommen (puh!)
  »Die Garderobe bitte eine Etage tiefer abgeben!«
  Das hätten wir ja auch schon vorher machen
  können …

Als das Essen endlich kommt:
  »Können Sie mal etwas beiseite gehen?«
  (Damit frau mir die Suppe servieren kann …)

Urgemütlich!
  Wir diskutieren: der Service hat Freundlichkeit nicht
  nötig;
  und tauschen das Ostgeld unserer Freunde in West
  und zahlen in Ost!

Ätsch?!

Andreas Welter

Die Schnapsidee

Sie verdient ihren Namen wirklich, denn sie wurde geboren an einem Kreuzberger Tresen zu vorgerückter Stunde im tiefen Winter des Jahres 1985. Ich hatte mir angewöhnt, meinen Geburtstag mit etwas Ausgefallenem zu begehen, etwas, was ich in meinem Leben nie zuvor getan hatte. Mit meinem Bekannten ging ich nun diverse Möglich- und Unmöglichkeiten durch, bis schließlich eine hängenblieb: Ich hatte noch niemals ein Bordell besucht, mein Bekannter angeblich ebenfalls nicht. Jetzt kam die erwähnte Schnapsidee. Es sollte kein gewöhnlicher Puff sein, nein, sondern einer in Ost-Berlin. Zu dieser Zeit war es in Kreuzberg nicht weiter schwierig, irgendwelche Informationen über Ost-Berlin zu bekommen, und so kam es, daß wir noch in derselben Nacht mit der Adresse eines Etablissements in Berlin-Pankow nach Hause gingen, die uns ein freundlicher 68er Revoluzzer gegen das geringe Entgelt von 3 oder 4 Bieren überließ.

Nun, ich gebe zu, als ich am nächsten Mittag aufwachte, nahm ich das alles nicht mehr so recht ernst, doch hatte ich die westfälische Beharrlichkeit meines Bekannten unterschätzt. So sah seine Planung aus: »Das müssen wir voll dekadent durchziehen, ey, wir mieten uns einen Amischlitten und lassen die Wessisau raushängen.« Oder so ähnlich. Nach der übli-

chen Prozedur des Visumantrages, die drei Tage dauerte, wurde ich tatsächlich an jenem denkwürdigen Geburtstag in einem angejahrten Ford Thunderbird Cabrio abgeholt, und wir rollten bester Laune über den Grenzübergang Invalidenstraße.

Es gab diesen Laden tatsächlich. Fassbinder hätte dort ohne große Umbaukosten einen prima Film drehen können. Es gab nur einen etwas störenden Umstand, so gut wie die gesamte Kundschaft sprach russisch, mit anderen Worten, es war ein für damalige Zeiten ziemlich nobles Bordell für russische Offiziere. Was soll's, in Pankow amüsierte man sich schon immer prächtig.

Es war noch nicht sehr spät, und wir meinten, etwas Stärkung könnte uns guttun. Zwei angestellte »Damen« in Zivil erklärten sich bereit, mit uns noch eine Sause zu machen, zwei uniformierte Herren eines unbekannten Dienstranges schlossen sich an. Jetzt erwies sich unser Cabrio natürlich als absoluter Schlager, und wir fuhren feuchtfröhlich zum Palast der Republik. Den kannte ich nur vom Hörensagen, aber unsere Begleiterinnen meinten, das wäre jetzt wirklich das Nonplusultra. Als Westler konnte man damals geteilter Meinung sein, aber wir waren in prächtiger Laune. In noch besserer Laune befanden sich unsere russischen Begleiter, die darauf bestanden, ausschließlich Krimskoje und Wodka zu konsumieren, und sich dementsprechend benahmen. So etwas hatte ich wirklich noch nicht erlebt, mit Gröhlen, Tischtanzen und Gläserwerfen, das konnte nicht gutgehen. Tat es auch nicht.

Eigentlich hat uns der Sicherheitsdienst recht freundlich, aber doch bestimmt behandelt, erschwerend kam allerdings dazu, daß unsere russischen Freunde absolut kein Geld zum Begleichen ihrer Rechnung bei sich hatten. Natürlich sprach man uns Wessis darauf an. Zwar hatten wir vor der Einreise am Bahnhof Zoo reichlich Ostmark umgetauscht, da wir schon mit höheren Ausgaben rechneten, aber das überstieg unser Budget, und so wurde es ein recht teurer Ausflug, aber wie gesagt, ich hatte Geburtstag.

Vom Palast selbst habe ich nicht viel mitbekommen, da wir uns ausschließlich in ein und derselben Lokalität aufhielten. Aber den Service fand ich gut, und die Getränke waren gekühlt. Man hatte damals viele schlechte Erfahrungen mit der DDR-Gastronomie gemacht, daß einem eine lächelnde Kellnerin als ein sozialistisches Weltwunder vorkam. Jedenfalls, in einem vornehmen westlichen Gastronomiebetrieb hätte unser Verhalten zu weitaus schärferen Sanktionen geführt. Leider habe ich auch das kulturelle Angebot nicht wahrnehmen können, und bei meinen späteren Besuchen in Ost-Berlin habe ich um den Palast immer einen großen Bogen gemacht, leider, wie ich heutzutage weiß.

Brigitte Schanze

Erinnerungen, die weit zurückgehen

Viel Licht, ein großer Raum mit Weite und Höhe, breite Treppen führen nach oben. Man betrat das Foyer und staunte. Heute geht es mir manchmal so ähnlich, wenn ich in vornehme Kaufhäuser komme.

Mein Mann und ich waren vor allem zu Konzerten im Palast der Republik. Da gab's die Berolina-Konzerte und Beethovens IX. am Neujahrstag. Unvergeßlich für mich schon deshalb, weil mein Mann an einem solchen Abend einmal eine Brille fand, sie aufsetzte und verblüfft feststellte, daß er die Welt plötzlich wieder klarer sah.

Immer, wenn ich dieses Haus betrat, mußte ich an meine Kindheit denken. Wie alt war ich, als meine El-

Das Signet des Palastes war nicht nur auf den Programmheften oder Einladungskarten gedruckt, sondern zierte auch alles Geschirr – von Gläsern bis zum Teelöffel. Wen wundert es, daß diese »Souvenirs« bei Sammlern begehrt waren.

tern mit meiner zwei Jahre älteren Schwester und mir – wahrscheinlich an einem Sonntagnachmittag – das Berliner Schloß besuchten? Es war 1941/42, ich wohl sechs Jahre alt, denn mein sieben Jahre jüngerer Bruder war noch nicht geboren.

Die Erinnerungen liegen wie im Nebel, und doch weiß ich genau: Wir standen vor einem riesigen Gebäude, schritten durch das Portal und gelangten in einen Vorraum, wo Hunderte von Filzpantoffeln standen. Wie erstaunt waren wir, daß wir nicht unsere Schuhe auszuziehen brauchten, sondern mit ihnen einfach in die großen Latschen hineinschlüpfen durften. Und dann begann für uns der große Spaß des Rutschens über den blanken Parkettboden, durch die prachtvollen Gemächer.

Sicherlich haben wir Kinder die Bilder und kostbaren Möbel, die es zu besichtigen gab, nicht zu schätzen gewußt. Aber die Eleganz und Vornehmheit der vielen Räume machte auf uns Arbeiterkinder aus dem Prenzlauer Berg einen riesigen Eindruck.

Es gab auch ein Büchlein über das Schloß zu kaufen mit vielen Fotos darin. Das liebte ich über alles und nahm es sogar mit in die Schule. Die Bilder beflügelten meine Phantasie. Ich träumte, ich wäre eine Prinzessin und würde singend durch Schloßsäle tanzen und auf dem großen Schloßhof spielen.

Meine Aufmerksamkeit im Unterricht ließ daraufhin zu wünschen übrig, das Büchlein wurde konfisziert und kam zu Hause unter Verschluß. Nur zu besonderen Anlässen, zum Beispiel wenn ich krank im Bett lag, wurde es hervorgeholt.

So ist meine Erinnerung an den Palast, den ich wirklich lieben und schätzen gelernt habe, auch eine an das Berliner Schloß. Immer wenn ich am ehemaligen Staatsratsgebäude vorbeikomme, schaue ich zu dem in die Fassade eingefügten Portal mit Balkon des Berliner Schlosses hoch und bin froh, daß ein kleines Stückchen meiner Kindheitsträume erhalten geblieben ist.

Jochen Pfender

Sechs Meter für den Sozialismus

»Weite und Vielfalt« in der Galerie

Weißer Marmor und gleißendes Licht von 1000 Glühlampen: das Hauptfoyer des Palastes der Republik wurde mit allem ausgestattet, was ein »Palast« bieten mußte. Hinzu kamen 16 riesige Gemälde, einheitlich 2,80 Meter hoch und bis zu sechs Meter breit, in massiven Messingrahmen an den zweigeschossigen Wänden des Foyers angebracht: die sogenannte »Galerie des Palastes«. Unter den Künstlern Bernhard Heisig, Werner Tübke und Wolfgang Mattheuer, die Ende der 60er Jahre die sozialistisch-realistische Kunst der DDR vom schönrednerischen Mief der 50er befreiten.

In älteren repräsentativen Gebäuden der DDR, wie etwa dem 1964 errichteten Staatsratsgebäude, wurde zum Schmuck der Foyers meist ein programmatischer Wandfries angefertigt. Die Palastgalerie versammelte jedoch

Die Galerie im Palast

16 individuelle künstlerische Handschriften, manche Bilder schlagen überdies kritische Töne an. Wie konnte das gerade im Palast der Republik möglich sein, dem zentralen Gebäude der DDR?

Der VIII. Parteitag der SED 1971

Mit dem Rücktritt Walter Ulbrichts von der Führung von Partei und Staat am 3. Mai 1971 endete für die DDR eine Periode der politischen und wirtschaftlichen Selbstüberschätzung. Der VIII. Parteitag der SED im September desselben Jahres sollte – nun unter Erich Honecker – durch vorsichtige Reformen in Wirtschafts- und Sozialpolitik die Sympathien des Volkes zurückgewinnen. Diese Orientierung auf den »realen Sozialismus« machte ein Gebäude wie den Palast der Republik erforderlich: Kein unnahbares Regierungsgebäude, sondern ein Ort für die Bedürfnisse der Bevölkerung, der ihr durch seine kulturellen und gastronomischen Angebote den Glauben an den Staat, der ja bereits in wirtschaftlichen Krisen steckte, zurückgeben sollte.

Auch in der Kulturpolitik spiegelten sich die neuen, offeneren Prinzipien des VIII. Parteitages wider. Honecker ermutigte die Künstler gar zur »schöpferischen Suche nach neuen Formen«. Das war ihnen bis dahin mehr als schwer gemacht. Die marxistische Kunstauffassung gab den Künstlern einen gesellschaftlichen Auftrag: Die Kunst hatte im Dienst der Arbeiterklasse zu stehen, der Künstler »aktiv an der Formung sozialistischer Persönlichkeiten, an der Entfaltung ihrer Lebensweise, ihres Lebensgefühls, ihrer Schönheitsvorstellungen« teilzunehmen, wie es das »Kulturpolitische Wörterbuch« noch 1978 formulierte.

Das führte in den 50er und 60er Jahren zu künstlerisch meist belanglosen Werken. Das Volk sollte die Bilder verstehen, abstrakte Kunst wurde deshalb als »Formalismus« gegeißelt und verboten. Honeckers Worte

auf dem VIII. Parteitag bedeuteten die Ankündigung einer neuen Offenheit, eine Abkehr von allzu starker Gängelung der Künstler, allerdings im Rahmen des sozialistischen Realismus. Ein »Realismus ohne Ufer« wurde nicht geduldet.

Die Galerie des Palastes ist ein direktes Ergebnis der Politik des VIII. Parteitages der SED, die »Weite und Vielfalt« versprach, wie es der SED-Chefideologe Kurt Hager 1972 formulierte. Ein Kollektiv bildender Künstler unter der Leitung von Fritz Cremer, dem Nestor der Bildhauerkunst der DDR, wurde 1973 vom Ministerium für Kultur beauftragt, die künstlerische Ausgestaltung des Palastes zu entwickeln. Zuerst planten die acht Mitglieder tatsächlich eine repräsentative, friesartige Gestaltung der Wände des Hauptfoyers, idealerweise in einheitlichem Stil durch einen Künstler ausgeführt. Dieses Konzept erwies sich jedoch bald als nicht durchführbar – der Palast sollte schließlich schon 1976 eröffnet werden.

»Dürfen Kommunisten träumen?«

So entstand der Gedanke, eine Art Galerie im Foyer zu installieren: 16 Bilder von 16 repräsentativ ausgewählten Künstlern. Eine Art »Leistungsschau« der DDR-Malerei sollte es werden, eine Möglichkeit für bereits arrivierte Künstler, ihr bisheriges Werk zu resümieren, und für jüngere Maler, einem großen Publikum bekannt zu werden.

Die Frage war nun, würde diese Lösung von der Abteilung Kultur der SED gebilligt werden, die die Aufsicht über die künstlerische Ausgestaltung des Palastes besaß? Sie wurde. Fritz Cremer vereinbarte mit Kurt Hager ein höchst allgemein gehaltenes thematisches Motto, das einerseits den SED-Oberen versicherte, daß sie eine ideologisch einwandfreie Galerie erhielten, und andererseits den Künstlern möglichst großen Gestaltungsspielraum ließ, es lautete: »Dürfen Kommunisten träumen?«

Bis Ende Februar 1974 hatte das Kollektiv die Maler festgelegt, die jeweils ein Bild zur Galerie beisteuern sollten. Es orientierte sich bei seiner Auswahl an Künstlern, die ihrer Meinung nach eine progressive Kunstauffassung vertraten. Das Ministerium für Kultur stellte als einzige Bedingung, auch die Maler zu berücksichtigen, die unter Ulbricht zu Ehren gekommen waren und bis in die 70er Jahre als staatstreue Verfechter eines unkritischen sozialistischen Realismus galten. Der Berliner Walter Womacka, der die berühmte »Bauchbinde« am Haus des Lehrers am Berliner Alexanderplatz schuf, war der wohl bekannteste unter diesen Künstlern.

Den kritischeren Geistern sicherte Cremer zu, daß sich die SED nicht in ihre Arbeit einmischen würde. So konnten folgende Künstler gewonnen werden: aus der älteren Generation der DDR-Kunst Arno Mohr und René Graetz aus Berlin, aus der mittleren Generation die fortschrittlichen, bereits arrivierten Leipziger Bernhard Heisig, Werner Tübke und Wolfgang Mattheuer sowie Kurt Robbel, Professor an der Berliner Kunsthochschule in Weißensee. Willi Sitte aus Halle, einer der einflußreichsten Künstler der DDR, durfte nicht fehlen. Die jüngere Generation wurde vertreten durch Hans Vent und Ronald Paris aus Berlin, die auch in Cremers Kollektiv vertreten waren. Der junge Matthias Wegehaupt wurde von Cremer höchstpersönlich vorgeschlagen. Die Liste des Ministeriums sah Walter Womacka und Günter Brendel aus Berlin vor, Willi Neubert aus Thale, Lothar Zitzmann aus Jena, Wolfram Schubert und Erhard Großmann aus Neubrandenburg.

In Gesprächen mit Wissenschaftlern wurden nun Themen ausgearbeitet, die Anregungen für die Künstler liefern sollten: »Familie«, »Revolutionäre Umwälzung«, »Entfaltung der sozialistischen Persönlichkeit« oder die obligatorische »Freundschaft zur Sowjetunion«. Ein »künstlerischer Beirat« aus Kunsthistorikern, SED-Offiziellen und der Hälfte der an der Ausgestaltung des Pa-

Walter Womacka, »Wenn Kommunisten träumen«, 1975

lastes beteiligten Künstler beaufsichtigte den Fertigungsprozeß der Bilder. Einige Künstler wie Brendel oder Wegehaupt wurden zur Überarbeitung ihrer Werke aufgefordert. Eingriffe oder Bevormundungen der Künstler bei der Themenwahl oder stilistischen Ausführung der Bilder gab es nicht. Entwürfe im Maßstab 1:4 wurden angefertigt, im Juli 1975 arbeiteten bereits alle Künstler an den Bildern in Originalgröße. Im Januar 1976, drei Monate vor Eröffnung des Palastes, konnten die Werke im Foyer gehängt werden.

Die Bilder

Wie läßt sich nun Ordnung in die unterschiedlichen Handschriften und Themen der 16 Galeriebilder bringen? Die Werke können grob in zwei Kategorien zusammengefaßt werden: Zum einen die Historienbilder – die DDR-Kunstgeschichte prägte hierfür den Begriff »Epochenbilder« –, die sich mit Geschichte und Verherrlichung des Sozialismus in der DDR beschäftigten. Zum anderen die Bilder, die die Alltagswirklichkeit der

DDR-Gesellschaft – Familie, Jugend, Landwirtschaft, Technik – zum Thema haben.

Einige der Künstler scheiterten deutlich an der Bewältigung des großen Formats, wie etwa Matthias Wegehaupt mit seinem Bild »Raum für Neues«, das für sein Thema – den Sieg des Sozialismus über den Kapitalismus – die oberflächliche Metapher eines Schaufelbaggers findet, der das »Böse« hinwegräumt. Manche Bilder bleiben an der illustrativen Oberfläche, wie etwa Günter Brendels »Großes Stilleben«, das einen gigantischen Blumenstrauß zeigt.

Walter Womackas Epochenbild »Wenn Kommunisten träumen« setzt das Motto der Palastgalerie geradezu wörtlich um. Es ist ein unkritisches, wohl aber vielschichtiges Lob des Sozialismus. In der Mitte des 5,52 Meter breiten Bildes sitzt ein junger Arbeiter, das Geschehen um ihn herum spielt sich als sein »Traum« in drei Teilen ab: In der linken Bildzone das »Elend« des Kapitalismus, symbolisiert durch einen stürzenden Ikarus, einen zerschossenen Stahlhelm. Die mittlere Zone zeigt die Phase des Übergangs. Eine Gruppe von Arbeitern wird von einer die Freiheit symbolisierenden Frau zur Revolution geführt, eine Anleihe bei dem berühmten Bild »Die Freiheit führt das Volk an« (1830) des französischen Künstlers Eugène Delacroix. Im Hintergrund feuert der Panzerkreuzer »Aurora« den Startschuß ab für die russische Oktoberrevolution 1917. Die rechte Bildzone schildert schließlich einen idealisierten Sozialismus: Der sozialistische Mensch beherrscht die Technik, eine nackte Familie symbolisiert Glück und Zufriedenheit.

Das aus fünf Tafeln bestehende Gemälde »Mensch – Maß aller Dinge« von Werner Tübke ist in der Form eines mehrflügeligen Altarbildes aufgebaut – drei Haupttafeln, wobei die linke fehlt, und drei sogenannte Predellentafeln, unter den Haupttafeln angeordnet. Im hochkultivierten Stil der Maler der Renaissance und des Manierismus entfaltet Tübke, der in der gleichen Malweise im Jahr 1985 das gigantische Bauernkriegspanorama im thüringischen Bad Frankenhausen beenden sollte, ein komplexes thematisches Puzzle mit vielen kunsthistorischen Zitaten. Auf einer deutlich allgemeineren Ebene als Womacka befaßt er sich mit dem Guten und Bösen im Menschen.

Die erste Haupttafel enthält eine antikisierte Familienszene, die an Darstellungen der Heiligen Familie erinnert. Die zweite zeigt ein nacktes, ebenfalls der Antike entliehenes Liebespaar, ein schwarzer Frauentorso und ein verhangener Himmel weisen jedoch auf getrübte Harmonie hin. Die fehlende, in der ersten Fassung des Werkes noch enthaltene Tafel sollte die »Weitergabe der Weisheit an die Jugend« zum Thema haben. Die Predellentafeln sind bestimmt von kriegerischen und biblischen Szenen, die die Verwerflichkeit des Menschen verdeutlichen, etwa im »Tanz um das Goldene Kalb«. Die mittlere Tafel zeigt eine Anspielung auf den sterbenden Christus.

Wolfgang Mattheuer ist wie Tübke ein Exponent der sogenannten Leipziger Schule. Sein Bild »Guten Tag« hat mit dem großangelegten Entwurf von »Mensch – Maß aller Dinge« nur eins gemein: die grundsätzlich sozialistische, »parteiliche« Position. Die hinderte Mattheuer jedoch nicht daran, mit seinem Werk ein wenig am geschönten offiziellen Bild der DDR zu kratzen. Das Bild, bescheidene 2,81 Meter breit, zeigt eine Familie, die von einem Hügel auf den Betrachter zuspaziert. Der Vater hebt die Hand zum Gruß. Die Natur, in der sich die Familie bewegt, ist verschandelt und zerstört: Ein kahler Baumstamm fristet sein Dasein am linken Bildrand, im Hintergrund speit eine häßliche Industriestadt ihre Abgase in den Himmel. Ein alter Mann schaut der Familie hinterher, inmitten von bunten Blumenbeeten. Ein Zaun trennt diese blühenden Landschaften jedoch von dem Rasenstück ab, auf dem sich die Familie bewegt. Der Kommentar im offiziellen Bildband zur

Eröffnung des Palastes der Republik erkannte in diesem mit Symbolen der Zerstörung und Abgrenzung angefüllten Bild allen Ernstes »die Geborgenheit, die Sicherheit und das Glück des sozialistischen Lebens«. Und am Schluß heißt es: »Was da im Bilde erscheint, ist ein guter Tag, ein gutes Land mit einer guten Perspektive.« Das geringe Maß an Offenheit, das den Künstlern auf dem VIII. Parteitag der SED zugestanden worden war, mußte sich die Kunstkritik anscheinend erst noch erkämpfen.

Der Titel von Hans Vents Gemälde »Menschen am Strand« könnte ebenfalls dazu verleiten, auf der 5,52 Meter breiten Tafel nur eine oberflächliche Ansammlung von Personen »am Strand« zu sehen. Was jedoch sofort ins Auge fällt, ist der hohe Abstraktionsgrad. Die Figuren bewegen sich in einem abstrakten Farbenraum und erinnern an leblose Skulpturen, an Typenbilder für menschliche Gemütszustände. Einigen fehlen die Augen, andere kehren dem Betrachter den Rücken zu. Auffällig ist, daß keinerlei Kontakt zwischen den Figuren herrscht. Sie wenden sich voneinander ab. Die Komposition wird links oben von einer schwungvoll schreitenden Gestalt eröffnet. Rechts unten endet sie mit einer sitzenden, nachdenklichen Figur. Dieses Szenario legt den Schluß nahe, daß hier ein Künstler einen sehr persönlichen Kommentar abgegeben hat: die enttäuschte Hoffnung auf eine lebbare sozialistische Gesellschaft.

Selbst die Autoren des Palastbildbandes konnten nicht mehr umhin, von der rein gegenständlichen Deutung des Bildes als fröhliche Strandszene abzuweichen. Sie sahen hier immerhin Menschen in »spannungsvoller psychologischer Charakterisierung in unterschiedlichsten Verhaltensweisen« dargestellt. Ein gleichwohl sehr allgemein gehaltener Kommentar.

Im Depot

Verschiedenste Spielarten der sozialistisch-realistischen Malerei der DDR existierten also in der Galerie des Palastes der Republik nebeneinander: Die unkritische Euphorie für den Sozialismus eines Walter Womacka, Werner Tübkes komplexes Historienspektakel, die sachliche Kritik eines Wolfgang Mattheuer, die enttäuschten Hoffnungen eines Hans Vent und vieles mehr. Die Bilder geben das wieder, was nach dem VIII. Parteitag der SED als neue Linie der Politik der Partei gepredigt wurde: »Weite und Vielfalt«.

Es wäre jedoch falsch zu glauben, dieses politische Prinzip hätte die Vielfalt der Kunst erst hervorgebracht. Die Partei des Arbeiter-und-Bauern-Staates reagierte vielmehr auf eine bereits vorhandene, spannungsreiche Kunstlandschaft, die sich seit Ende der 60er Jahre auf das besann, was für den Künstler und den Menschen das wichtigste ist: die eigene Meinung. Einige Künstler gingen der SED jedoch zu weit, wie etwa der mit der künstlerischen Form der Installation experimentierende Hartwig Ebersbach aus Leipzig. Sie wurden weiterhin in ihren Arbeitsmöglichkeiten eingeschränkt.

Die 16 Bilder der Palast-Galerie befinden sich seit 1996 im Besitz des Deutschen Historischen Museums in Berlin. Keine 1000 Meter von ihrem ursprünglichen Hängungsort entfernt, umfängt sie heute nicht mehr der weiße Marmor und das Licht der 1000 Lampen: Aus Platzmangel fristen sie ihr Dasein im Dunkeln des Museumsdepots.

Die 16 Künstler

*Günter Brendel (*1930)*
»Großes Stilleben«, 1975/76
Dispersion auf Preßspan, 280 x 368 cm

*René Graetz (1908–1974)/Arno Mohr (*1910)*
»Krieg und Frieden«, 1975
Tempera auf Preßspan, 280 x 368 cm

*Erhard Großmann (*1936)*
»Tadshikistan«, 1975
Tempera auf Preßspan, 280 x 600 cm

*Bernhard Heisig (*1925)*
»Ikarus«, 1975
Öl auf Preßspan, 280 x 450 cm

*Wolfgang Mattheuer (*1927)*
»Guten Tag«, 1975
Öl auf Preßspan, 280 x 281 cm

*Arno Mohr (*1910)*
»Forscht, bis ihr wißt«, 1975
Eitempera auf Preßspan, 280 x 552 cm

*Willi Neubert (*1920)*
»Gestern – Heute«, 1975
Mischtechnik auf Preßspan, 280 x 345 cm

*Ronald Paris (*1933)*
»Unser die Welt – trotz alledem«, 1975/76
Dispersion auf Preßspan, 280 x 600 cm

*Kurt Robbel (*1909)*
»Die schaffenden Kräfte«, 1975
Mischtechnik auf Preßspan, 280 x 160/272/160 cm

Wolfram Schubert (*1926)
»Brot für alle«, 1975
Tempera auf Preßspan, 280 x 368 cm

Willi Sitte (*1921)
»Die rote Fahne – Kampf, Leid und Sieg«, 1975/76
Öl auf Preßspan, 280 x 300 cm

Werner Tübke (*1929)
»Mensch – Maß aller Dinge«, 1975
Mischtechnik auf Preßspan,
fünf Einzeltafeln: »Familie«, »Liebespaar«, je 170 x 170 cm,
»Kampf der Zentauren und Lapithen«, »Totenklage«,
»Der Tanz um das Goldene Kalb«, je 85 x 170 cm

Hans Vent (*1934)
»Menschen am Strand«, 1975
Dispersion auf Preßspan, 280 x 552 cm

Matthias Wegehaupt (*1938)
»Raum für Neues«, 1975
Mischtechnik auf Preßspan, 280 x 552 cm

Walter Womacka (*1925)
»Wenn Kommunisten träumen«, 1975
Öl auf Preßspan, 280 x 552 cm

Lothar Zitzmann (1924–1977)
»Weltjugendlied«, 1975
Öl auf Preßspan, 280 x 552 cm

Hans Krause

Kuddeldaddeldu

liebt den »Palast«.
Nicht nur als Gast,
sondern auch – und dies mit Vitalität –
als Gast g e b e r und Interpret.
Und wenn er auch dort, wo er liebt,
in der Regel Zurückhaltung übt
– in diesem Haus
gibt er sich immer gern völlig aus.
Denn, bei Lichte beschaut,
hat er's ja mitgebaut.
Natürlich hat er nicht mitgebuddelt,
sondern nur die Palasterbauer geehrt,
hat schon in allen Etagen gekuddelt,
gequasselt, gesungen, geflachst und geröhrt.
Hier hat er bei so mancher Premiere
schlotternd und schwitzend Pointen entfacht
und sogar Bürgermeister und Kreissekretäre
zum Lachen gebracht.
Hier hat er in jedem Stock
die Gäste ergötzt
und sich trotz Pop und Rock
eisern und lautstark durchgesetzt.
Hat Spaß gemacht und Spaß gehabt,
sich am Spaß gelabt,
war Spaßmacher und -konsument obendrein.
Denn »Spaß muß sein!«
– Und so lautet auch Kuddels nächster Streich.
Also … Sie mögen,
verehrte Kollegen,

dann: Bis gleich!
Mit von der Partie
ist bei dieser Revue
auch diesmal wieder die Distelcrew.
– Tschüs und Ahoi!
Ihr Daddeldu.

Heinz Draehn als Kuddel-Interpret

Peter Meyer

Puhdys statt BAP – oder was gut ist, setzt sich durch

Seit über 27 Jahren bin ich Keyboarder bei den Puhdys. Zum ersten Mal haben wir anläßlich der Eröffnung 1976 im Palast gespielt, beim Fest der Bauarbeiter, das war eine kurze Sache, 15 bis 20 Minuten auf einer Riesenveranstaltung. Es war ein Überraschungsprogramm, keiner wußte, wer alles dabeisein wird, jedenfalls waren die Bauarbeiter begeistert und sind zur Bühne gestürmt.

In diesem Jahr erhielten wir dann auch den Nationalpreis und später noch einige andere, überhaupt fanden wir diese Akzeptanz für Deutschrock sehr erstaunlich. Wir hatten damit noch vor Maffay und Lindenberg angefangen. Zuerst spielten wir natürlich auch wie alle anderen englische Sachen nach, und die Jugendlichen schrieben an den Fernsehfunk, wir wollen die Puhdys sehen, und die sagten, klar, könnt ihr haben, aber mit eigener Musik und deutschen Texten, und so hat sich das dann entwickelt. Daß das so ein Erfolg wird, konnten wir uns gar nicht vorstellen, aber das war unsere Chance, aus der Not eine Tugend zu machen. Wir haben auch keine seichten Schlagertexte gemacht, sondern mit Lyrikern zusammengearbeitet wie Tilgner und Plenzdorf, die Sachen geschrieben haben, für die sich die Leute interessierten, und ab '76 auch die im Westen. Natürlich gab es sowohl für Liedermacher als auch für Rocker politische Tabus, ein Lied über die Mauer z. B. wäre vermutlich das Ende der Karriere gewesen. Ähnlich war es mit Liedern über Schwule oder Umweltthemen. Das lief über unsere Agentur, da haben wir unsere Texte vorgelegt, und manchmal wurde dann sofort abgewunken, einiges, wie

z. B. »Denk ich an Deutschland …«, wurde trotz Bedenken angenommen, aber dann nie ausgestrahlt.

Um einmal über unser Westreiseprivileg zu reden, das empfanden wir als folgerichtig, denn Sport, Musik oder Wirtschaft kocht man nicht im eigenen Saft. Das war bei uns ein harter Kampf, aber ab '75 haben wir dann jemanden gefunden, der unsere Rechte im Westen vertreten hat, so daß die Platten verkauft werden konnten. Dies war die Voraussetzung, um im Westen auftreten zu können. Ich sehe es nicht als Privileg, sondern als ganz normale Angelegenheit. Trotz unserer vielen Westreisen kam eigentlich nie der Gedanke auf, dort zu bleiben, denn wir sahen auch die Schattenseiten, ich sage nur Finanzamt. Und eigentlich ist es in Rahnsdorf, wo ich wohne, richtig schön.

Zum Palast der Republik fällt mir eine Episode mit BAP ein. Als die dort spielen sollten, war gerade die heiße Phase der Auf- und Nachrüstung, und die Jungs hatten einen Song im Repertoire, der sich gegen diese Raketen wandte, und das durften sie nicht spielen. Da sind sie einfach abgereist, und wir mußten einspringen. 5000 Leute hatten schließlich nach Karten angestanden, und da wir die populärste Band damals waren, haben wir es dann gewagt. Die ersten 20 Minuten war es ganz schön kritisch, aber zum Schluß gab es so viel Zugaben wie noch nie. Im Grunde ist das sogar spannender, kribbelige Situationen zu überstehen, als in Routine zu erstarren. Wenn ich da an unsere ersten Konzerte im Westen denke …

Im Palast sind wir oft als Überraschungsgäste aufgetreten. Wir haben auch mal mit Helga Hahnemann ein 15tägiges Programm gemacht. Es gab Sachen, die sich eingeprägt haben. '85 haben wir einen Song mit dem Titel »Rockerrentner« eingespielt, denn viele Leute haben sich ja damals schon gefragt, wie lange wollen die denn das noch machen. Im Palast sind die Leute dann nach vorne gestürmt und riefen, wir wollen die Rockerrentner sehen. Solche Erfolge tun gut.

Constanze Pollatscheck

Großer Wirbel um ein kleines Buch

Kurz vor dem zehnjährigen Jubiläum des Palastes wurde die Herausgabe eines Minibuches beschlossen, und da ich zu der Zeit amtierende Abteilungsleiterin für Öffentlichkeitsarbeit war, wurde mir diese Aufgabe übertragen. Zusammen mit einer anderen Kollegin war ich Autorin dieses Büchleins und habe auch mit dem Verlag in Leipzig und der Druckerei verhandelt.

Das Buch sollte mit einigen Bildern beginnen. Natürlich Honecker ganz vorne, das berühmte Porträt mit dem blauen Hintergrund. Ich habe mich mit Händen und Füßen dagegen gesträubt. Und nach langen Diskussionen haben wir es dann geschafft, ein Foto mit einer Hosteß vor dem Eingang des Palastes auf die erste Seite zu plazieren, trotz aller Dogmatiker. Dann folgte, direkt vor dem Titel, ein sehr auffälliges Foto aus dem Theater im Palast, von der Aufführung »Salut an Alle, Marx«. Mit diesem Stück war das TiP eröffnet worden, mit Ekkehard Schall, mit Hans-Peter Minetti und mit Vera Oelschlegel, die dieses Theater leitete. Vera Oelschlegel war mit Hilfe verschiedener Herren zu gewissen Positionen aufgestiegen. Zu jener Zeit war sie mit Konrad Naumann, 1. Sekretär der SED-Bezirksleitung Berlin, verheiratet, und der hatte ihr dieses Theater verschafft. Bei der Konzeption des Palastes war schon immer ein Theater im Foyer des vierten Stockes geplant, aber es sollte nicht so aufwendig werden, wie es dann wurde. Rückblickend muß man sagen, sie hat dieses Theater hervorragend geleitet. Es hatte einen enormen Zulauf gehabt, die Leute sind gerne ins TiP gegangen. Vera Oelschlegel war sehr ehrgeizig, und durch die Stellung ihres Mannes standen ihr alle Mittel zur Verfügung. Dadurch hat sie sich nicht nur Freunde gemacht, denn andere Leute mit vielleicht genauso guten Ideen hatten diese Möglichkeiten nicht.

Zu der Zeit, als das Büchlein fertig wurde, hatte sich Frau Oelschlegel gerade von Herrn Naumann getrennt, und Herr Honecker war sehr sauer über die Bettgeschichten von Herrn Naumann und von dieser Frau. Als Erich Honecker das Buch in die Hände bekam – der Palast war ja sein Vorzeigehaus, darum hat er sich auch dieses kleine, eigentlich bedeutungslose Büchlein angesehen –, fand er nicht nur ein Foto von sich, was er sicher noch in Ordnung fand, sondern an hervorragender Stelle auch eines von Vera Oelschlegel. Er war höchst verärgert und hatte verlangt, wegen der vielen Skandale das Foto zu entfernen. Nun war das Buch bereits gedruckt und fix und fertig, man konnte ja nicht überall diese eine Seite herausreißen, also wurde die ganze Auflage des Buches zurückgezogen und durfte nicht verkauft werden. Das war nicht nur ein moralischer Schaden für uns, die das Buch gemacht hatten, sondern auch ein finanzieller. Und das alles nur, weil eine Dame auf der falschen Seite einem Herrn auf dem richtigen Platz nicht gefallen hat.

Jochen L.

Sie nicht!

Als es noch die DDR gab, gingen wir, d.h. meine aus England stammende Frau und ich, gerne in den Palast der Republik. Dort gab es immer so herrliche Cocktails an der Moccabar zu unfaßbar günstigen Preisen. Der Abend, von dem ich erzählen will, begann auch dort und sollte im Palastrestaurant fortgesetzt werden. Diesmal war unser 18jähriger Sohn dabei. Er war etwas leger gekleidet, hatte längere Haare, die allerdings gepflegt waren, und sah eigentlich so aus, wie Jugendliche Anfang der 80er Jahre eben aussahen. In der Moccabar trank er einen Milchshake und war wie wir begeistert von diesem Haus des Volkes. Dann gingen wir zum Palastrestaurant. Nach dem üblichen Schlangestehen sollte unser Besuch eine ärgerliche Wendung erfahren. Uns wurde der Eintritt mit der Begründung, unser Sohn sei nicht richtig gekleidet und außerdem zu jung, verwehrt. Wir waren wie vor den Kopf geschlagen, hatten wir doch schon so viele schöne Abende hier verlebt. Es war 18 Uhr, also keine Nachtzeit, und es war ein ganz normaler Tag, weder ein Parteitag noch ein Palastball fanden statt, und unser junger Begleiter war erstens unser Sohn und zweitens 18 Jahre alt. Diese Argumente beeindruckten das Personal nicht. Wir ließen den Geschäftsführer rufen. Nach langem Hin und Her und nachdem unser Sohn mit seinem Ausweis bewiesen hatte, daß er wirklich bereits 18 Lenze zählte, durften wir dann doch hinein und wurden gut bedient. Den wahren Grund dieses merkwürdigen Vorfalls würden wir heute noch gerne erfahren, aber er ist wie der Palast selbst bereits Geschichte.

Elfriede Brüning

Als Sieger im Café

Im Palast der Republik war ich nicht allzuoft. Das mag daran liegen, daß ich allein lebe. Wer geht schon gern alleine aus?

Einmal hatte mich Vera Oelschlegel eingeladen, im TiP aus meinen Büchern zu lesen, und einige Male war ich auch als Zuschauerin dort. Unvergeßlich wird mir die Aufführung des Stückes einer russischen Autorin bleiben. »Der Krieg hat kein weibliches Gesicht« lautete der Titel, und die Darstellerinnen bestanden ausschließlich aus bewährten, schon betagten Mimen wie Steffi Spira, Marga Legal und Lotte Löbinger, die von ihren Erlebnissen im Krieg auf anschauliche und tief bewegende Weise berichteten, ob sie nun an der Front gekämpft oder in der Heimat Schanzen gegraben hatten oder in Krankenhäusern Verwundete pflegten.

Mit der Gastronomie hatte ich die seltenen Male, die ich sie in Anspruch nahm, weniger Glück. Einmal ging ich mit ungarischen Freunden hin. Voller Stolz hatte ich sie schon überall im Palast herumgeführt. Erschöpft vom vielen Herumlaufen wollten wir zuletzt irgendwo in Ruhe eine Tasse Kaffee trinken. Doch vor dem Eingang zum Lokal prangte ein Schild: »Sie werden eingewiesen«, und eine lange Warteschlange stand geduldig davor, obwohl im Lokal keine Menschenseele zu sehen war. Gehorsam reihten wir uns in die Schlange ein, doch nach etwa einer halben Stunde wurden wir ungeduldig. Wollte man uns ewig hier stehen lassen? Ich drängte mich vor und verlangte den Geschäftsführer zu sprechen. Endlich erschien er auch, es gab einen heftigen

Wortwechsel, und schließlich ließ er uns ein, aber nur unter der Bedingung, daß wir uns auf die Barhocker setzten. Warum, ist mir bis heute unverständlich geblieben. Nach wie vor war das ganze Caféhaus menschenleer, draußen wartete geduldig die Menschenschlange – und wir, die »Sieger«, hockten unglücklich auf unseren Barstühlchen und nippten an unserem Kaffee, auf den wir nun am liebsten verzichtet hätten. Der Tag war uns verdorben, am meisten mir, die aus Scham meinen ungarischen Freunden gegenüber, deren Gastfreundschaft ich viele Male in Budapest hatte erleben dürfen, am liebsten im Boden versunken wäre.

Dennoch gab ich nicht auf und ging bei nächster Gelegenheit mit meiner West-Berliner Bekannten hin in der Hoffnung, es diesmal besser dort zu treffen. Doch weit gefehlt! Schon von weitem sah ich die lange Warteschlange. Meine liebe Freundin, eine resolute Person, ging jedoch schnurstracks an den Wartenden vorbei ins Café, setzte sich an einen der vielen leeren Tische und – wurde von dem eilig herbeikommenden Ober höflich bedient! Ja, die Wessis! Wie haben wir sie damals bewundert, ihr Durchsetzungsvermögen, ihre Ellenbogenmentalität, ihr siegreiches Auftreten à la »Jetzt komme ich!«. Wir DDR-Bürger fühlten uns dann klein und bescheiden. Inzwischen sind unsere Augen schärfer geworden. Wie habe ich es auch damals übersehen können (was mir Hertha hinterher fröhlich gestand), daß sie dem Ober, bevor er noch dazu kommen konnte, sie energisch aus dem Raum zu weisen, diskret ein Fünfmarkstück in die Tasche schob.

Das sind meine Erinnerungen an den Palast. Ich weiß, sie sind mager, andere mögen schönere Erlebnisse in ihm gehabt haben. Die Scharen von Menschen, die ich Abend für Abend von meinem Balkon aus dorthin pilgern sah, sprachen eine lebendige Sprache und waren auch mir ein Beweis dafür, daß der Palast für die Bewohner der DDR – und übrigens auch für manche West-Berliner – zu einem wahren »Hort des Volkes« geworden war.

Birgit Herkula

Junges Talent

Sie war 19, und weil sie sich in ihren Gedichten weder mit Liebe noch Tod beschäftigte, keinen blauen Himmel besang und nicht das Glück in unseren Herzen beschwor, statt dessen metaphorisch revoluzzerte und mit Hilfe ihrer großen Dichtung die Insel ihres kleinen Landes in neue, freie Wasser und an ferne Ufer schieben wollte, galt sie als Talent, das man, so beschlossen die Regierenden, ab und zu protegieren und ein wenig beobachten sollte. Die junge Frau maß sich in Wettbewerben, erntete Lob für ihre Gedichte und von allen Seiten Schreibermutigung.

Eine Tages las sie in der Volkszeitung einen Artikel mit der Überschrift: »Talentewettbewerb im Volkspalast«. Den jungen Talenten stellte man Sachpreise, kostenlose Übernachtung und An- und Abreise zur Hauptstadt des Landes in Aussicht. Die junge Frau zögerte nicht, bot sich hier doch eine gute Möglichkeit, ihr Talent in der Hauptstadt, vielleicht sogar vor entscheidenden Personen, die dem Wettbewerb beisitzen würden, zu empfehlen.

Sie schrieb einen Brief an die Gutachterkommission, legte 25 Gedichte bei und freute sich, entdeckt zu werden und mit ihrem ersten Buch einen Bestseller zu landen. Es würde ein Buch werden, über dessen wegweisende lyrische Schlagkraft man nicht nur im Land, sondern auf dem Kontinent und auf der ganzen Welt sprechen würde. Sie müßte keinen Tag länger in der Kaufhalle Regale auswischen und neue Margarinedosen in langen Metern plazieren, keine Sekunde länger zwischen mau-

lenden, grauen Kunden umherstapfen, sie wäre die Entdeckung des Jahrzehnts, gelobt in Zeitung, Rundfunk, Fernsehen, geliebt von den Menschen, die verstanden, was sie zwischen den Zeilen schrieb.

Doch vorerst verbrachte sie noch einige Wochen von morgens bis abends in ihrer Kaufhalle und hackte nachts lyrische Epen in ihre Schreibmaschine: über die Freiheit der fließenden Milch in der elektrischen Melkanlage, der kleckernden Marmelade aus zerbrochenen Gläsern, die von vorüberhetzenden Müttern mit ihren müden Kindern heruntergerissen worden waren, und über die Schnelligkeit der Reorganisation der Ameisen in einem Termitenhügel nach einem menschlichen Tritt.

Eines Tages fand sie in ihrem Briefkasten eine Einladung zum »Talentewettbewerb im Volkspalast« vor. Die Jury hatte sie unter vielen Bewerbungen ausgewählt.

Sie beantragte bei der Kaufhallenchefin Urlaub und fuhr am übernächsten Wochenende los, mit einer Tasche voller Gedichte und einer Zahnbürste, in löchrigen Jeans und einem schäbigen Mantel, bereit, den Leidensweg eines Künstlers durch »Überholen ohne Einzuholen« nicht durchschreiten zu müssen, bereit zum Auftritt, bereit zum Sieg.

Sie aß an jenem Sonnabend nichts, weil sie glaubte, hungrig besser vorlesen zu können.

Der Talentewettbewerb wurde in einer Bar des Volkspalastes, die sich im Keller befand, ausgetragen. Gegenüber spielten Mannschaften an Bowlingbahnen. Sie tranken Bier und dachten nicht daran, in die Bar zu gehen und sich Gedichte anzuhören.

Wenige Zuhörer hatten sich eingefunden: ein paar Studenten und ältere Herren in Anzügen. Die vielen anderen, die herumsaßen und an ihren Gläsern herumnippelten, waren die Talente.

Der junge Moderator, auch ein Talent, gab die Reihenfolge der Auftritte bekannt. Es war kein Wettbewerb für Literatur, es war ein Wettbewerb für alle Sparten. Die

Dichterin wurde hinter einen Clown, eine Tanzgruppe und ein singendes Paar plaziert. Der Sieger sollte vom Publikum mittels Stimmzettel ermittelt werden.

Nachdem das singende Paar Geige gespielt und traurige Chansons zelebriert hatte, kündigte der Moderator die junge Frau als »Anke Martin – ein großes literarisches Talent« an. Während sie las, gingen die anderen zur Bar und holten sich volle Gläser. Der Moderator hatte anschließend noch sieben Programmpunkte anzukündigen.

Das Publikum wählte schließlich das Chanson-Paar zum Sieger. Anke Martin hatte 4 Punkte bekommen und wurde letzte. Der Moderator gab in einem auswertenden Gespräch zu, daß hohe Lyrik nicht sofort in gleicher Weise zu erschließen sei wie die hohe Kunst des Clownspiels oder Chansonsingens. Er schlug vor, Anke wegen erwiesener Chancenungleichheit einen Ehrenpreis zu geben. Sie erhielt ein Buch mit den schönsten deutschen Liebesgedichten von 1848 bis heute. Dann verabschiedete sie sich deprimiert. Es war inzwischen Mitternacht geworden. Vor dem Volkspalast fiel Schnee, der vom Vollmond beleuchtet wurde. Ein junger Mann sprach sie an. Er war unter den Zuschauern gewesen und beteuerte seine Begeisterung für ihre großartigen Gedichte. Da sie vergessen hatte zu fragen, in welchem Hotel man die Talente unterzubringen gedachte, nahm sie die Einladung in sein Bett an, obwohl er beschwor, impotent zu sein. Sie wollte es bis zum Morgen nicht wahrhaben, und erst der Hunger ließ sie innehalten und den Versuch, das Unmögliche möglich machen zu wollen, auf später verschieben. Der junge Mann nahm Anke mit in die Kantine der Eisenbahner. Dort kostete sie zum ersten Mal in ihrem Leben Currywurst. Sie aß sieben Stück, notierte sich die Adresse des jungen Mannes und stieg in den Zug.

Der Talent-Moderator wurde an jenem Abend entdeckt, moderierte Fernsehsendungen, und als das kleine Land

in ein größeres einheiratete, übernahm er die große Fernsehshow eines Kollegen, der sich fortan dem öffentlichen Verspeisen von Gummibären in Werbespots widmete.

Der junge Mann schrieb Anke Briefe aus seinen Urlauben; irgendwann erhielt sie eine süße Karte mit der Mitteilung, daß seine Frau Zwillinge geboren hätte.

Anke Martin wurde Kaufhallenleiterin und bei der Gründung des Supermarktes als Putzfrau übernommen.

Nach der Wende

Sabine Horn

Festival des Politischen Liedes

Seit der Eröffnung des Palastes der Republik war ich mit meinen Eltern etwa einmal wöchentlich dort, meist als Schlußpunkt eines Spaziergangs. Später, ohne Eltern, war das ähnlich, man guckte, wen man traf. Ich ging auch öfter zu Veranstaltungen, und zuletzt organisierte ich sogar selbst Veranstaltungen beim Festival des Politischen Liedes mit.

Die Preise im Palast der Republik waren für uns Jugendliche erschwinglich. Das Taschengeld reichte immer für 'n Eis. Der Jugendtreff hat mich nicht so interessiert, fand ich immer zu ordentlich, zu steril. Es war schon eine sehr spezielle Atmosphäre, man hat mächtig herumgemacht, getanzt, und die Jungs haben Frauen abgeschleppt, na ja, vielleicht war ich einfach nicht der Typ für so was. Die Organisationstätigkeit für das Festival des Politischen Liedes hat mir Spaß gemacht. Dort traten Gruppen und Liedermacher wie Bots oder Hannes Wader, Kabarettisten aus dem Westen und Sänger aus der ganzen Welt auf. Das war schon irre, Lateinamerika in der DDR. Das hat viele Leute angezogen, manche haben sich die ganze Nacht angestellt, damit sie Karten bekamen. Da es eine FDJ-Veranstaltung war, haben sie auch FDJ-Blöcke reingeschickt, aber was soll's.

Das Festival hatte eine ganz eigene Atmosphäre, und so ganz glücklich war man über den Palast nicht, wegen all der Sessel und der Gemütlichkeit. Das paßte nicht zu einem Festival des Politischen Liedes. Früher, in der Werner-Seelenbinder-Halle, saß alles dicht beieinander auf dem Parkett. Da war ein intimes Gefühl, in dem rie-

Festival des politischen Liedes
Voutta

sigen Saal des Palastes war diese Verbundenheit schwer herzustellen.

Das DDR-Volk hat gelächelt über diesen Palast, aber es ist hingerannt und hat ihn reichlich genutzt, obwohl die Atmosphäre doch etwas kühl und steril war mit diesen Teppichen, Lampen, Riesenbildern, mit dem Marmor und diesen großen Flächen. Das Haus der Kulturen der Welt hat auf mich ähnlich gewirkt, es sollte ja eigentlich ein Kongreßzentrum sein und wird jetzt kulturell genutzt, aber so richtig funktioniert das nicht. So war das auch im Palast, keine Klubatmosphäre.

Sicher, der Palast war schon etwas Besonderes, meine Eltern zum Beispiel sind sehr gerne in den Palast essen gegangen, das fanden sie ganz schau. Es herrschte eine gediegene Atmosphäre, man war sicher, daß das Essen gut ist, es gab den Lieblingswein »Rosenthaler Kadarka«, das war ganz wichtig, denn den gab's sonst nur sehr selten, im Palast aber immer. Dieser Wein war im Osten sehr beliebt, heute allerdings schmeckt er mir nicht mehr.

Im TiP (Theater im Palast) war ich auch. War eigenartig, weil anders als gewohnt. Aber ich habe gute Sachen dort gesehen, und die interessanten Sachen waren immer ausverkauft. Mußte man vorbestellen.

Sentimentalitäten oder Herzschmerz löst das Thema Palast bei mir nicht mehr aus. Das ist vorbei, weg, das sehe ich ganz sachlich. Architektonisch, ich habe damit keine Probleme. Ob das zum Dom paßt oder nicht, die ganze Stadt ist eh so verschandelt, gerade im Osten. Soll man doch Grün rumranken lassen, meinetwegen.

Renate Holland-Moritz

Lachen und lachen lassen

2 Episoden

I.

Im Jahre 1974 kreierte der Eulenspiegel Verlag seine Veranstaltungsreihe »Lachen und lachen lassen«. Das war gewissermaßen eine Großraumlesung unter Beteiligung von zehn Stammautoren des Eulenspiegelhauses. Zum Zwecke musikalischer Auflockerung wurden jeweils populäre singende Schauspieler sowie der Komponist und Pianist Henry Krtschil mit seiner Instrumentalgruppe hinzuengagiert.

Das Debüt fand in der Berliner Volksbühne am Luxemburgplatz statt und wurde sogar vom Fernsehen aufgezeichnet. Bei Ausstrahlung der Sendung fehlte allerdings Rudi Strahl. Er hatte einige seiner heiter-satirischen Gedichte vorgelesen, und das folgende war den Adlershofer Betonköpfen mit Heinz Adamek an der Spitze sauer aufgestoßen.

Eifrig schwätzen bei Jacobus
telegenste Professoren.
Und man fragt sich, wurden die nicht
auch zum Meinungsstreit beschworen?

Freilich! Nur – und darin liegt noch
vielerorts der Hund begraben:
Wer sich streiten will, muß erstmal
eine eigne Meinung haben.

Montags flimmert auf dem Bildschirm
Kintoppkitsch vergangner Tage.
Ideologisch ausgeklammert
scheint hier die Bewußtseinsfrage.

Aber keine Angst, es geht ja
nach dem Happy-End noch weiter.
Und den Schirm von innen reinigt
Ede, der Kanalarbeiter.

Die Kritik am regelmäßig tagenden »Professoren-Kollegium«, das vom Chefredakteur der Kulturbundzeitung SONNTAG, Hans Jacobus, moderiert wurde, und die Tatsache, daß Rudi Strahl den allseits unbeliebten Kommentator Karl-Eduard von Schnitzler (»Der schwarze Kanal«) als ideologischen Ausputzer apostrophiert hatte, ließen die Chefs der Sendeanstalt zur Zensurschere greifen.

Im darauffolgenden Jahr erhielt der Eulenspiegel Verlag die Chance, mit seiner Veranstaltung »Lachen und lachen lassen« in den gerade eröffneten Palast der Republik umzusiedeln. Das war sehr ehrenvoll und überaus massenwirksam, denn wir durften im Großen Saal auftreten und allherbstlich sechsmal hintereinander vor je 2800 Zuschauern unser Programm vorstellen.

Auch Rudi Strahl war wieder mit von der Partie. Er reagierte jedoch hochgradig unwirsch, als ein Fernsehteam aus Adlershof mit schwerer Ü-Wagentechnik eintraf. Rudi erklärte klipp und klar, er werde augenblicklich die Bühne verlassen, sollte auch nur eine Kamera die Arbeit aufnehmen.

Das gefiel den verantwortlichen Herren des Palastes gar nicht. Natürlich war ihnen an einer abendfüllenden, zudem kostenlosen TV-Werbung für ihr neues Haus sehr gelegen. Dafür hätten sie liebend gern auf die Mitwirkung eines querköpfigen Satirikers verzichtet.

Aber wir Eulenspiegelautoren stellten uns solidarisch an die Seite unseres Kollegen Rudi Strahl. Wer es wage, über einen von uns den zensorischen Bannfluch zu sprechen, bekäme auch die anderen nicht vors Objektiv. Die (längst ausverkauften!) Vorstellungen könnten also nur stattfinden, wenn sich das Fernsehen entferne. Gegen unseren erklärten Streikwillen war kein Kraut gewach-

sen. Die Adamek-Truppen mußten wohl oder übel den Rückzug antreten. Mit Sendeabsichten behelligten sie uns fortan nie wieder.

II.

Hansgeorg Stengel, der angriffslustigste Satiriker unter den Eulenspiegelautoren, war 1985 bei den Palastherren in Ungnade gefallen. Wenn ich mich recht erinnere, hatte er aus einer imaginären Demoskopie vorgelesen, wie sich das Publikum sozial zusammensetze. Daß also von den anwesenden 2800 Personen soundso viel Prozent Arbeiter, Bauern, Angestellte, Handwerker und Intellektuelle seien. Zahlenangaben zu einer ganz bestimmten Bevölkerungsgruppe könne er allerdings nicht machen, weil sie sich statistisch einfach nicht erfassen lasse. Aber jeder Gast im Saal möge doch einmal vorsichtig nach links und nach rechts gucken, dann wisse er: Sie sind da! Und es sind viele. Das war zuviel der öffentlichen Stasi-Häme. Stengel wurde für den Palast der Republik auf unbestimmte Zeit gesperrt. In den Jahren 1986 und 1987 fand »Lachen und lachen lassen« ohne ihn statt.

Ich war der Meinung, diese Art Reglementierung sei nicht länger hinzunehmen. Deshalb entwarf ich einen Protestbrief, in dem ich der Palast-Leitung mitteilte, wir verstünden uns als erwachsene Staatsbürger und nicht als eine Horde unmündiger Kinder, die man nach Belieben in die Ecke stellen und vom Spiel ausschließen dürfe. Sollte Stengel also auch weiterhin mit Auftrittsverbot belegt sein, so müsse die Veranstaltungsreihe mangels auftrittswilliger Eulenspiegelautoren künftig leider entfallen.

Diesen Entwurf zeigte ich meinem Freund Lothar Kusche. Er war einverstanden und empfahl nur, einige besonders harsche Formulierungen zu glätten. »So ist es zwar noch immer ein Erpresserbrief, aber doch wenigstens im Gewand einer diplomatischen Note«, sagte er grinsend.

Es gelang mir, zwei Drittel meiner Kollegen zur Unterschrift zu bewegen, und folgerichtig hatte die Aktion den gewünschten Erfolg. Die Verantwortlichen des Palastes konnten sich gar keine andere Entscheidung leisten, denn »Lachen und lachen lassen« war nicht nur ein Höhepunkt im hauptstädtischen Kulturangebot, sondern fuhr auch, trotz der zivilen Eintrittspreise von 8,50 Mark und 12,50 Mark, respektable Gewinne ein.

Stengel zeigte sich von der Aussicht, wieder im Team zu sein, sehr enthusiasmiert, behauptete aber, der Palast hätte ohnehin nicht länger auf ihn verzichten können. Man wußte nie, ob er mit seiner Eitelkeit nur spielte oder sich wirklich für den größten aller Zampanos hielt.

Im August 1988 trat ich an vier Abenden mit Stengel in der ebenfalls sehr beliebten Veranstaltungsreihe »Spaß am Montag« im Kinosaal des Fernsehturms auf. Da wir häufig gemeinsam engagiert wurden, konnte ich die meisten seiner Texte simultan mitsprechen. Aber diesmal hatte er sich eine neue Nummer ausgedacht: In einem winzig kleinen DDR-Dörfchen gibt es vier Telefone. Eines steht im Büro des Bürgermeisters, ein anderes in der Wohnung des Pfarrers und das dritte im Sprechzimmer des Arztes. Nur der vierte Telefonbesitzer verrät nicht, aus welchen beruflichen Gründen er unbedingt ein Telefon braucht. Ergo weiß jeder im Dorf, was der Mann macht.

Das Publikum johlte vor Vergnügen. Als wir wieder in der Garderobe saßen, sagte ich zu Stengel: »Die Telefon-Nummer war hübsch, die läßt du im Palast weg. Du weißt, auf dem Stasi-Ohr sind die Herrschaften empfindlich. Und da sie wissen, wer den Brief geschrieben hat, werden sie ihr Mütchen an mir kühlen.« Ich fand, Stengel sei mir dieses Entgegenkommen schuldig, zumal er genügend andere hochbrisante Texte in seinem Repertoire hatte. Er versprach es auch feierlich, aber ich wurde das Gefühl nicht los, er würde sich im Zweifelsfall eher an das Tucholsky-Wort halten: Was ist ein Freund gegen eine Pointe!

Und so geschah es auch. Während der vorletzten Vorstellung am Nachmittag des 16. Oktober 1988 hatte das Publikum dem verlorengeglaubten Sohn solche Ovationen zuteil werden lassen, daß Stengel sein Gelübde vergaß und die Geschichte mit dem dörflichen Stasi-Telefon zum besten gab.

Nachdem er mit stolzgeschwellter Brust auf seinen Platz im Bühnenhintergrund zurückgekehrt war, beschimpfte ich ihn heftig und machte ihn für alle zu erwartenden Folgen verantwortlich. Doch das Donnerwetter hinter den Kulissen blieb aus. Wir hielten das für ein hoffnungmachendes Signal, das vom baldigen Sieg der Vernunft kündete.

Ende Oktober 1989 schien es soweit zu sein. Auf den Straßen Berlins artikulierte das Volk sein Machtwort, und die bis dahin Mächtigen verstummten hörbar. Euphorisierte Massen stürmten den Palast, in dem es nie zuvor frecher und fröhlicher zugegangen war. Die Parole dieser Tage hieß »Lachen und lachen lassen«. Beflügelt vom frenetischen Applaus, freuten sich die Eulenspiegelautoren und ihre Musikanten schon auf das nächste Jahr im Palast der Republik.

Aber ab Oktober 1990 war endgültig Schluß mit lustig.

Hans Canjé

Mus für den Palast

Das muß 1977 oder 1978 gewesen sein. Die Jugendredaktion des Rundfunksenders Stimme der DDR mit Sitz in der Nalepastraße in Ost-Berlin war wieder einmal auf der Suche nach etwas Außergewöhnlichem für den Tag der Solidarität, der eine Gemeinschaftsaktion von Jugendorganisationen und Ost-Berliner Medien war und im Palast der Republik stattfand. M. aus der Cottbuser Gegend wußte von einem kleinen Betrieb, der noch so richtiges, echtes Pflaumenmus produzierte. Das war, so versicherte er, nicht zu vergleichen mit dem, was da aus der einschlägigen Industrie auf den Ladentisch kam. Und, das war wichtig, der Chef sei ein prima Mann, der nach entsprechender Überzeugungsarbeit mindestens ein Faß für den guten Zweck kostenlos abgeben werde.

Nun war man im Palast von einer außerordentlichen Pingeligkeit, was die Hygiene anging. Unvorstellbar also, daß wir mit dem Faß Pflaumenmus da anrücken und den Leuten etwa in Pappbechern eine Kelle Mus einfüllen konnten – gegen einen entsprechenden Beitrag für das Solidaritätskonto, versteht sich. H. kannte einen, der einen kannte, der was mit einer großen Keramikwerkstatt im Raum Halle zu tun hatte. (Einen kennen, der einen kannte, das war nicht unwichtig in der DDR, in der es fast alles gab – nur nicht immer und überall.)

Aus Coswig kamen also – kostenlos, weil Ergebnis einer Sonderschicht der jugendlichen Töpfer – 300 Keramikgefäße unterschiedlicher Größe. Die Bestimmungen des Landes sahen aber vor, daß einem normalen Sterblichen, so er nicht im Besitz eines Hygienepasses, der di-

rekte Umgang mit Lebensmitteln nicht gestattet war. Also mußte jemand her, der ein solches Papier besaß, das gestattete, Pflaumenmus aus den Fässern in die kleinen Keramiktöpfe zu füllen. Als das gelöst war, mußte nur noch der Chefredakteur mit dem größten Zimmer des Senders in der Nalepastraße davon überzeugt werden, für einen Nachmittag seinen Platz zu räumen, damit wir den Raum für unsere Aktion nutzen konnten.

Der Schriftsteller Harald Hauser, der an diesem Nachmittag eigentlich zu einem Gespräch mit dem Chefredakteur verabredet war, erwies sich als ein äußerst geschickter Mitarbeiter beim Aufkleben der stilvollen und für uns natürlich kostenlos hergestellten »Hallo-Pflaumenmus«-Etiketten.

Der Verkauf im Palast der Republik wurde übrigens ein sensationeller Erfolg.

Heinz Behnert

Geschichte und Geschichten

Heinz Behnert war Produktionsleiter im Palast der Republik und schreibt derzeit ein Buch über seine Erinnerungen.

Ich war zuständig für die Vorbereitung, Organisation und Durchführung von verschiedenen Veranstaltungen, vor allem im Großen Saal. Auch Abendspielleiter war ich, allerdings nicht für das Theater im Palast.

Das TiP ist wie eine »Firma in der Firma« gewesen. Die Intendantin war so etwas wie eine Alleinherrscherin. Sie verfügte über einen eigenen Verwaltungsdirektor, eigene Produktionsleiter und eine ziemlich große Crew – fast so zahlreich wie die vom Großen Saal. Ein bißchen ärgerte uns das schon. Das hatte nichts mit den Leistungen zu tun, die das TiP und seine Mitarbeiter brachten. Die waren künstlerisch hervorragend. Aber die Dame ist immer ein wenig bevorzugt worden, mit Technik usw. Ist ja klar, bei dem Ehemann, Konrad Naumann, 1. Sekretär der SED-Bezirksleitung von Berlin. Wir Produktionsleiter mußten uns koordinieren, z. B. wegen der Veranstaltungszeiten. Sonst konnte es passieren, daß unsere Pausendurchrufe Vorstellungen des TiP störten. Hin und wieder kam das nämlich vor. Ehe sich das alles so richtig eingespielt hatte, vergingen Jahre. Aber mit den Kollegen des TiP haben wir uns eigentlich immer gut verstanden.

Dann gab es noch den eigenständigen Bereich Jugendtreff, auf der Spreeseite gelegen, im Untergeschoß neben der Bowlingbahn, der ebenfalls mit einer eigenen Crew arbeitete. Allerdings immer in Abstimmung mit

Versteigerung am Tag der Solidarität

dem gesamten Kulturbereich des Hauses. Dort war alles auf jugendliche Besucher zugeschnitten, Programme, Gastronomisches usw.

In den Restaurants fanden ebenfalls Unterhaltungsveranstaltungen statt, so z. B. ein »Berliner Abend« mit Leierkasten, Chansonsängern, Kabarettisten u. a. Da wurde in echtem Berlinisch über Berliner Histörchen geplaudert, und tanzen konnte man natürlich auch. Dafür gab es eine extra Musikertruppe.

Jedes Jahr richtete ein DDR-Bezirk im Palast ein mehrtägiges Volksfest aus. Schon Monate vorher bereiteten sich Künstler und Künstlergruppen der Laien- und Berufskunst in Ausscheidungswettbewerben auf dieses Ereignis vor. Es waren so eine Art kleine Arbeiterfestspiele. Es traten gute Leute in Berlin auf, Leute, mit denen sich die Bezirke in der damaligen DDR-Hauptstadt nicht blamieren wollten. Als Thüringen an der Reihe war (durch die Bezirke Erfurt, Gera oder Suhl vertreten), stellten wir einen richtigen Wald in das Hauptfoyer. Überall baute man Buden auf, Thüringer Bratwürste, Souvenirs, Handwerkerstände usw. Die Restaurants gestalteten eine Woche der »Thüringer Gastlichkeit«. Der halbe Palast einschließlich des Großen Saales wurde entsprechend dekoriert. Mit dem Arbeitsschutz standen wir dann häufig auf Kriegsfuß. Der gewann allerdings. Sicherheit stand obenan. Theater, Orchester, Chöre gaben sich dann ein folkloristisches Stelldichein bei uns. Der Besucherandrang war enorm. Diese Veranstaltungen waren teilweise unentgeltlich, außerhalb des Großen Saals immer. Bei Bällen und Shows im Saal mußte man Eintritt bezahlen. Im Hauptfoyer oder in anderen Etagen standen Bühnen für die Auftritte kleinerer Ensembles und Spielgruppen.

Es gab auch Autorenlesungen, häufig im TiP, ebenso im 4.Geschoß auf einer eigens dafür eingerichteten intimen kleinen Bühne und im Großen Saal bei »Lachen und lachen lassen«. Mit bis zu 2800 Besuchern, das muß man sich einmal vorstellen. Die muß ein Vortragender erst einmal verkraften. Sechs Autoren des Eulenspiegel Verlages lasen jedes Jahr in vier bis sieben Vorstellungen. Die waren ungefähr so beliebt wie die Hahnemann oder der Herricht. Lothar Kusche, Jochen Petersdorf usw. gehörten dazu. Den Autoren zur Seite standen noch singende SchauspielerInnen, ChansonsängerInnen und eine kleine Musikgruppe, die sogenannte Eulenband, geleitet von Henry Krtschil. Ein Karikaturist zeichnete auf der Bühne Vorlagen, die auf die riesige Bildleinwand im Großen Saal projiziert wurden. Ein einmaliges Bildübertragungsverfahren, damals das modernste. Die Veranstaltungsreihe wurde zu einem beliebten Publikumsrenner bei uns. Immer ausverkauft. 1989, Anfang Oktober, als die ersten Ausschreitungen sich zu chaotischen Zuständen ausweiteten, setzten wir das Programm als unaktuell zunächst ab. Als sich die Lage Ende Oktober zu normalisieren begann, obwohl noch lange nichts entschieden war, kam »Lachen und

Bezirksfest im Palast

lachen lassen« mit neuen Texten zur Aufführung. Frech waren die Texte ja schon früher, jetzt aber waren sie für DDR-Verhältnisse »unverschämt« frech. Die Zuschauer tobten vor Vergnügen.

Der Palast der Republik war ein kultureller und sozialer Ort. Sozial, weil alle Altersgruppen oder, wie man heute sagt, alle Gehaltsklassen hineingehen konnten. Die Eintrittspreise waren bei allen Veranstaltungen sehr niedrig angesetzt. Für einen sehr guten Platz im Großen Saal bezahlte man im Schnitt 15 Mark. Bei bestimmten Gastspielen 20 Mark. Diesen Preis mußten wir uns extra genehmigen lassen. Jugendtanz kostete pro Person 3,10 Mark (10 Pfennig Kulturfonds). Das Gerücht, daß die Eintrittskarten nur an Leute mit dem richtigen Parteibuch gingen, ist Unsinn. Die Hälfte der Karten ging in den freien Verkauf. Anstellen mußte man sich – vor allem bei uns – oft sehr lange. Die andere Hälfte der Karten ging über das Anrechtswesen der Betriebe weg. Jeder größere Betrieb schloß mit Theaterunternehmen, also auch mit uns, Anrechtsverträge für seine Betriebsangehörigen ab. Auch auf privater und kommunaler Basis war so etwas möglich (Schulen, Verbände usw.), etwa mit dem Theaterabonnement vergleichbar. Daß in Betrieben ein wenig gekungelt wurde bei der Kartenvergabe illustrer Programme, möchte ich nicht ausschließen. Im wesentlichen verlief alles normal. Ich war selbst ein Jahr lang Kulturbeauftragter eines Kombinates. Da weiß ich ganz gut Bescheid. Und ich war kein SED-Mitglied! Ich muß das so herausheben, damit keiner von mir sagen kann: Ach herrje, wieder so eine rote Socke, die den Palast verteidigt. Es glaubt mir auch keiner, daß ich nicht in der FDJ und nicht bei der Armee war. Dogmatiker konnte ich nicht ausstehen. Im Palast waren etwa 40 bis 60 Prozent der Mitarbeiter auch Parteimitglieder der SED.

Die politischen Angelegenheiten des Hauses fanden in der Volkskammer statt, und bei Parteitagen, FDGB-

Kongressen, FDJ-Parlamenten – alle fünf Jahre einmal – im Großen Saal wurde der Palast für mehrere Tage geschlossen. Treffen mit Regierungsoberhäuptern oder politische Empfänge spielten sich ebenfalls im Großen Saal ab, manchmal auch im Hauptfoyer. Diese Räume wurden im Jahr mit durchschnittlich zwei bis drei Prozent von politischen Veranstaltungen belegt. Der Palast war nun mal bekanntermaßen ein zweigeteiltes Haus: Volkskammer und Kulturhaus. In die Volkskammer kamen unsere Mitarbeiter normalerweise nicht hinein, nur zu besonderen Gelegenheiten (Kinovorführung z. B.). Bestimmte technische Mitarbeiter besaßen zum Betreten einen Sonderausweis (Ton-, Bildtechnik, Putzleute usw.), der offizielle Betriebsausweis galt hier nichts.

In den Restaurants war es üblich, plaziert zu werden. Aber vor leeren Restaurants mußte man eigentlich nicht warten. Es gab manchmal Tage, da stand nicht genügend Personal zur Verfügung. Da wurden Tische gesperrt. Denn was nützt es dem Gast, wenn er Platz gefunden hat, aber nicht bedient werden kann. Im Palast war das in der Regel kein Problem, da hier Kellner ausgebildet wurden, die man auch bei Großaktionen mit einbeziehen konnte. Ohne diese Kellnerlehrlinge wären manche aufwendigen gastronomischen Leistungen nicht zustande gekommen.

Sorbin beim Eierbemalen

Die Künstler, die im Palast auftraten, waren zu einem Drittel DDR-Leute, ein Drittel kam aus dem sozialistischen, ein Drittel aus dem westlichen Ausland.

Am Stand eines Glasgraveurs aus Thüringen

Das galt für die Gastspiele. Ansonsten variierten die Anteile ständig.

Wenn man in so einem großen Haus arbeitet, gibt es natürlich auch unerfreuliche Sachen. Wenn man Produktionsleiter ist, ärgert man sich sowieso in der gesamten Vorbereitungszeit und freut sich erst, wenn alles in Topf und Tüten ist. Ärger gab es mit der Bürokratie, das hat sich bis heute nicht geändert. Ärger gab es mit den pingeligen Sicherheitsvorkehrungen, die schädigten unser Ansehen und richteten sich selbst gegen die eigenen Leute. Das war Schwachsinn hoch zehn. So etwas und die miserable Ökonomie dazu brachten der DDR den totalen Ruin. Nicht der Westen hat den Osten bezwungen, wir haben uns selbst zugrunde gewirtschaftet. Wäre es umgekehrt gelaufen, hätte der Osten doch ebenso zugegriffen und sich über den Westen hergemacht.

Heinz Knobloch

Im Palast

In den vielen rühmenden Berichten über unseren Palast der Republik ist sein Postamt weder genug erwähnt noch gewürdigt worden. Dem Postamt im Palast, so klein es ist, gehört meine Zuneigung. Wenn ich das mit einem Satz zusammenfassen darf: Hinter seinen Schaltern sitzen intelligente junge Leute in sauberen Uniformen.

Dort im Palast, an der Marx-Engels-Platz-Fensterseite, stehen hellbraune Ledersessel, gesprächsbereit für Vierergruppen. Aber auch der vereinzelte Mensch kann dort ruhig sitzen, sich räkeln, umherschauen, die Linden entlang oder nach innen. Wer weich sitzt, blickt ganz anders in seine Zeit.

Es gibt im Palast eine Menge Münzfernsprecher. Und sie funktionieren. Einer sogar zu gut. Er nahm kein Geld, will heißen, man konnte mit diesem Apparat umsonst telefonieren. Die Münze kam zurück. Wer das erlebte, hielt es für eine der Annehmlichkeiten im Hause des Volkes. Wer von uns hat noch nicht Münzschlucker erfolglos gefüttert bis zum Ende seines Bargeldes? Also galt dieser Palast-Apparat als Wohltäter, von dem jeder nach seinen Bedürfnissen bekam.

Wer das nicht wußte, erkannte ihn daran, daß sich vor ihm regelmäßig eine Warteschlange bildete, ungeachtet dessen, daß nebenan mehrere der durchsichtigen Telefonboxen frei standen.

Es sprach sich herum. Bald ging die halbe Stadt in den Palast telefonieren. Findige hatten erprobt, daß der staatsbewußtlose Apparat auch nach außerhalb mitmachte. Nun wählten Fernsprecher im wahrsten Sinne durch bis

Potsdam, bis Erfurt, Warschau, Prag und Motzen, oder was sie sonst für zwanzig Pfennige erreichen konnten.

Wer so telefonierte, den erkannten seine Hintermänner daran, daß vor ihm die Inschriften –,50 M und 1,– M im Wechsel aufzuckten, nervös und grün, aber mit einer 20-Pfennig-Münze zu beruhigen waren, die anschließend wiederkehrte. Wer sich das aber nicht anmerken lassen wollte, der deckte während des Gespräches die herausfordernd blinkenden Leuchtzahlen mit dem Unterarm ab.

Kommen Sie deshalb nicht nach Berlin. Der ungebührliche Apparat ist inzwischen der Öffentlichkeit entzogen worden. Er war seiner Epoche vorausgeeilt wie die Sehnsucht eines Parteiveteranen.

Da wir gerade davon reden – wie wird dieser Palast in siebzig Jahren auf die Besucher wirken? Eine Antwort darauf steht in Prag. Ich denke an das Repräsentationshaus, Obecní dûm. Das Jugendstilgebäude mit der Kuppel, neben dem Pulverturm. Als es 1911 fertig war, galt es als Architekturbeispiel. Viele Künstler hatten mitgearbeitet. Innen hängen berühmte Gemälde. Im großen Konzertsaal beginnt alle Jahre der Prager Frühling mit Smetana. Es gibt ein Prager Wiener Café und ein Speiserestaurant, denn es genügt nicht, Geschichtsgefühl mit Daten zu wecken. (Im Repräsentationshaus wurde am 28. Oktober die Republik ausgerufen. Ich blicke aus meinem Palastfenster nach links, da ist ein Stück vom Berliner Schloß, wo Liebknecht zwölf Tage später das gleiche rief.) Geschichte will gefühlt sein. Daher die Restaurants. Liebe geht durch den Magen. Geschichte auch. Vor allem vaterländische. Dort, wo in Prag das Repräsentationshaus errichtet wurde, an historischer Stelle, stand einst der böhmische Königshof. Das Schloß, an dessen Tür Jan Hus seinen Zettel knallte: er sei kein Ketzer, man möge ihm das Gegenteil beweisen.

Das Wort Repräsentation hat wahrscheinlich nur im Deutschen jenen würdeschweren Unterton. Normalerweise bedeutet es Vergegenwärtigung.

Gold-Stück

»Es ist nicht alles«, heißt es, »Gold was glänzt.«
Das Sprichwort wird von mir wie folgt ergänzt:
»Im Gegenteil! Ein Defizit an Glanz
ist oft solider Hinweis auf Substanz!«

Hansgeorg Stengel

Hildegard Noack

Tante Martha, wenn du wüßtest

Wieder einmal schlendere ich durch die Stadt, einfach nur so, ohne Ziel, ohne Zeitplan, nur um zu schauen, um zu sehen, was sich seit meinem letzten Bummel verändert hat.

»Die Stadt« – das ist für mich noch immer die Gegend zwischen Alexanderplatz und Brandenburger Tor. Früher war es meine Stadt, unsere Stadt, doch dieses Gefühl war mit einem Mal weg. Ich komme mir vor wie Besuch von außerhalb, der mal wieder gucken kommt, was sich verändert hat, ohne davon innerlich berührt zu werden.

Dort vorn der Palast! Freundlich blinkert er in der Sonne, nicht unbedingt eine architektonische Schönheit, aber häßlich ganz gewiß nicht. Wie gern würde ich jetzt hineingehen und eine Tasse Kaffee in der Moccabar trinken! Aber er ist zu, leer, tot, aus. Nur noch eine golden schimmernde Hülle.

Tante Martha, wenn du das wüßtest! Ich muß an dich denken, weil heute dein 100. Geburtstag ist. Lebtest du noch, hätten wir dich heute gern wieder in den Palast geführt zu deiner Feier. Dein erster Besuch dort war nämlich so etwas Besonderes für dich, daß du diesen Tag als einen der schönsten in deinem Leben bezeichnet hattest. Wir wollten dich in unserem Trabbi hinfahren, aber der war dir nicht gut genug. Es sollte ein »richtiges« Auto sein, und so wurde ein Taxi bestellt.

Ein paar Tage zuvor war dein Palastbesuch noch Ursache für einen handfesten Familienkrach. Tochter Trudchen mußte dir nämlich – eigens zu diesem Anlaß – ein neues Kostüm nähen. Du wolltest unter den vielen »fei-

nen Leuten«, die du dort zu treffen glaubtest, nicht auffallen. Nun hatte sich Trudchen mit dem Nähen zwar große Mühe gegeben, es saß alles bestens, war sauber gearbeitet, aber die Knöpfe, nein diese Knöpfe! »Konntest du denn nichts Blöderes finden?« sollst du nicht gerade leise gesagt haben. Trudchen war eingeschnappt, denn sie hatte einen ganzen Tag lang alle Knopfläden abgeklappert, bis sie hübsche und gar nicht mal so teure Knöpfe erstanden hatte. Das war aber kein Argument für dich, um mit häßlichen Knöpfen am neuen Kostüm in den Palast zu gehen. Also mußte dein Karlemann am nächsten Tag nach »drüben« fahren, Knöpfe kaufen – bei Karstadt in Steglitz. (Das war kein Problem, denn Onkel Karl war Rentner und durfte »rüber«, wann er wollte.) Schließlich war der Kostümstoff auch von »drüben«. Und so kam dann der große Tag, an dem du im schicken Kostüm, dein volles weißes Haar schön frisiert, vor dem Palast aus einem »richtigen« Auto (bestimmt einem Wolga) stiegst und mit deinem Karlemann erwartungsvoll das Foyer betratest.

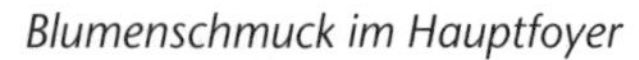
Blumenschmuck im Hauptfoyer

Du hast mir dann später erzählt: »So viele Blumen, so viele herrliche Blumen! Und überall Teppiche! Und die wundervollen weichen Sessel! In jedem Stockwerk habe ich mich in einen solchen Sessel gesetzt.« Und ganz begeistert warst du von der Musik, die im Hauptfoyer von einem richtigen großen Orchester dargeboten wurde, und von den aufgeführten Tänzen. »Tante Martha, und wie gefielen dir die Bilder?« »Welche Bilder?« fragtest du mich. Die hast du also gar nicht bemerkt. Aber sehr wohl war dir aufgefallen, daß du für alles nichts bezahlen mußtest, außer natürlich für den Kaffee und das Glas Sekt, das dein Karlemann dir spendiert hatte. Überrascht warst du, daß du gar nicht so viele »feine« Leute sahest, sondern so ganz normale – viele Eltern mit ihren Kindern z. B., viele Jugendliche, Halbstarke wie du sagtest. Über die hattest du dich sogar ein wenig geärgert, weil sie sich in den schönen Sesseln nur »rumlümmelten«, wie du meintest, und dabei qualmten. Dennoch – du warst begeistert. »So etwas Schönes für einfache Leute habe ich ›drüben‹ noch nicht gesehen. Schöner als ein Schloß«, sagtest du mir ein paar Tage später. »Aber der Vanillepudding von Dr. Oetker schmeckt trotzdem besser als der aus dem Osten«, schicktest du hinterher. Ja, Tante Martha, den könntest du jetzt ganz bequem in deiner Kaufhalle haben, gleich um die Ecke. Und was du leider nicht mehr erleben konntest, am Brandenburger Tor würdest du keine Mauer mehr sehen, du könntest ungehindert hindurchspazieren und wärest »drüben«.

Hier bin ich nämlich inzwischen angelangt, während ich mich in Gedanken mit Tante Martha unterhalten habe. Und wenn ich jetzt durch Berlins Wahrzeichen schreite, gehe ich nicht mehr nach »drüben« oder nach dem »Westen«, ich gehe ganz einfach in den Tiergarten.

Andreas Keller

Drei Striche für den Genossen Breshnew

Ich war 12 Jahre lang Chefbühnenbildner des Palastes, und eigentlich war das die schönste und intensivste Zeit meines Lebens, weil in dieser Zeit eigentlich alles passierte, was für einen Bühnenbildner interessant sein kann. Ich habe Shows, Konzerte, Ballett, klassische Konzerte und auch Bälle ausgestattet. Der Reiz des Saales: die offene Bühne. Es gab keine Hinterbühne, keine Züge, und ich mußte zwei, drei Stunden den Leuten Show bieten ohne große Verwandlungen. Das war schon interessant. Ich kam von der Architektur zum Bühnenbildstudium. Der Große Saal war immer wieder eine Herausforderung, und ich habe bei jeder Inszenierung eine Gänsehaut gehabt, weil Routine nicht viel nutzte. Natürlich gab es Grenzen, ich konnte zum Beispiel nicht sagen, ich hätte gerne für die nächste Show 200 Meter Klammerstoff. Da hieß es, nein, ist nicht in der Staatsplanung vorgesehen, wir können das vielleicht in diesem Jahr beantragen, und im nächsten Jahr kriegst du ihn. Aber ich brauchte den Stoff in einem Vierteljahr. Das war immer ein Kampf. Ich will gar nicht genau wissen, auf welchen Umwegen, aber irgendwie ging dann doch alles in Ordnung. Wenn man mich fragte, kannst du nicht von Blau auf Grün gehen, klar war ich da flexibel. Meine Erfahrungen von kleinen Bühnen, wo das Improvisieren Pflicht ist, kam mir im Palast sehr zugute. Ich hatte gelernt, materialgerecht zu denken. Es stimmt nicht, daß im Palast immer alles im Überfluß vorhanden war. Natürlich gab es hier und da mal ein paar Meter mehr von diesem und jenem, aber bevorteilt in dem Sinne waren wir nicht. In den letzten zwei Jahren hatte ich eine Standardbühne entwickelt, Arbeitstitel »Brasil Tropical«. Da gab es mal 2500 DM Devisen, und dafür wurde im Westen Spiegelfolie gekauft. Dieses Standardbühnenbild wurde im gesamten Haus für unterschiedliche Produktionen eingesetzt.

Ein Problem war immer die Lagerungsmöglichkeit. Darum wurde immer wieder neu gebaut, und das kann sich doch auf Dauer niemand leisten. Daraus entstanden manchmal recht kuriose Situationen, zum Beispiel war aus einer Produktion eine Zauberkiste aus bester Tischlerplatte übriggeblieben, und da ich gerade einen Schreibtisch brauchte und auch für die Kinder etwas schrauben mußte, wollte ich diese Kiste gerne haben. Doch der bürokratische Weg war unvorstellbar lang, der Palast war ja ein Staatsbetrieb und verkaufte kein Inventar, man warf es weg. Ich versuchte es wirklich über zwei Monate, bis der technische Abteilungsleiter, bei dem die Kiste gelandet war, mich fragte: »He, wo wohnst du denn, gib uns mal deinen Kellerschlüssel, wir fahren da sowieso jeden Tag rum«, und mir die Kiste frei Haus lieferte. Damit war dieses Problem erledigt. Dieses Wegwerfsystem habe ich dann unterlaufen, indem ich Rahmenkonstruktionen entwickelte, die individuell im ganzen Hause verwendet werden konnten, und das hat sich prima bewährt. Diese Rahmen gibt es sogar jetzt noch in mehreren Theatern.

Aber schwierig war es im Palast immer, das war kein Theater, das war ein Staatsbetrieb mit 1800 Mitarbeitern. Davon saßen 80 Leute im Direktionsbereich Kultur, und diese Leute mußten einer Meinung sein. Es gab jeden Tag Partisanenkämpfe, um künstlerische Ideen durchzusetzen, und hätte es unter den Kollegen nicht gute Techniker gegeben, die sich gegen die gnadenlose Hierarchie durchzusetzen wußten, hätte es künstlerisch schlecht ausgesehen. Es dauerte Jahre, bis die Leitung einsah, daß man nicht einfach den Hammer fallen las-

Internationale Modegala

sen kann, weil Dienstschluß ist. Und unsere Mitarbeiter, vor allem die Bühnenarbeiter, waren hervorragend und haben sich sogar einen Anschiß gefallen lassen, wenn z. B. wegen eines sich verspätenden Künstlers die Probe einfach durchgezogen werden mußte.

Ohne dieses Maß an Solidarität wäre kein vernünftiges Arbeiten möglich gewesen. Klar, einige sind gegangen, es kostete auch wirklich viel Kraft, aber irgendwie war es auch eine Herausforderung. Eine Kollegin vom Friedrichstadtpalast meinte, sie könne in diesem Hause nicht arbeiten, aber ich habe wegen dieser verschworenen Gemeinschaft die Arbeit geliebt, es war eine Haßliebe.

Der Reiz an diesem Haus bestand für mich aber auch darin, mit der wirklich hervorragenden Technik zu spielen. Es kamen ja Ensembles aus allen Ecken der Welt, und viele brachten ihr Equipement mit, welches aber meist kaum gebraucht wurde. Sogar Leute aus Japan meinten, ein derartiges Angebot hätten sie in Europa

Bühnenbildvariation

noch nicht gesehen. Und bei allen Einschränkungen muß ich sagen, daß es ein großer Vorteil war, mit so einem fantastischen Raum zu arbeiten. Es gab tolle Erlebnisse, z. B. mit diesem erwähnten »Brasil Tropical«-Bühnenbild. Wir hatten für eine brasilianische Truppe die letzte vorhandene Glühbirne eingedreht, die gesamte Haustechnik ausgereizt, und es war wirklich toll, so toll, daß die Brasilianer den ganzen Kram allen Ernstes sofort kaufen und mitnehmen wollten. Das ging natürlich nicht in einem Staatsbetrieb, denn wie sollte man so etwas verrechnen, aber unsere Bonzen waren natürlich hoch erfreut über diese Anerkennung, und ich irgendwie auch. Obwohl ich SED-Mitglied war, bin ich mit Dogmatikern nie richtig klargekommen. Schon allein die Vergabe der Eintrittskarten war ein Kuriosum. Da haben sich eine Menge Leute die ganze Nacht hindurch für eine Karte angestellt, aber die meisten sind sowieso über die Betriebe und Organisationen vergeben worden, und wenn da einige keine Lust hatten, weil die Glücksspirale

in der Glotze kam, war es oft so, daß trotz ausverkaufter Vorstellung vier- bis fünfhundert Plätze frei blieben. Da ist nie eine Regelung gefunden worden, aber was konnten wir schon dagegen unternehmen? Ganz verrückt war es bei Jubelveranstaltungen, FDJ-Feiern, Parteikongressen und sonstigen Galas, da durften wir gar nicht rein.

An eine lustige Ausnahme kann ich mich aber erinnern. Das passierte auf einem Parteitag, dem vorletzten, glaube ich, und Breshnew war da. Der konnte schon gar nicht mehr laufen und wurde als Mumie eingeflogen. Ich hatte Dienst im Ausstattungsbereich, es könnte ja irgend etwas passieren, was dann auch eintraf. Ich saß in meinem Zimmer im Marstall, der ja durch einen Tunnel mit dem Palast verbunden ist, plötzlich klingelte das Telefon. Es war zwei Stunden vor Eröffnung des Parteitages. Mein Direktor sagte, ich müsse unbedingt in den Großen Saal kommen. Man schickte mir sogar jemand mit den erforderlichen Ausweisen, denn ohne die ging gar nichts. Ich also rüber und zur Parteitagstribüne, wo ungefähr 25 Leute herumstanden. Allgemeines Schulterklopfen, »wir müssen jetzt mal eine Sache machen, und zwar gemeinsam«. »Ja, worum geht's denn?« frage ich. »Nun, der Genosse Breshnew muß, wenn er eine Rede halten will, aus der Präsidiumsreihe heraus und diese drei Stufen herunter, und darum geht es.« Es war alles mit wunderschönem braunen Teppich ausgelegt, sogar ein extradicker Handlauf war für den Generalsekretär installiert worden, aber man meinte, aufgrund der Beleuchtung könne er die Stufen eventuell nicht wahrnehmen. Teppichleisten konnte man in der Eile nicht auftreiben, aber irgendeine Markierung mußte her. Nun hatte ich mir gerade eine neue Lederjacke gekauft, so eine cognacfarbene, und der Direktor legte mir den Arm um die Schultern und sagte: »Du, Andreas, könnte man da nicht irgend etwas hinmalen, so in diesem Farbton (er deutete auf meine Jacke), kannst du dir das vorstellen, künstlerisch?« Farben gab es aber nicht, war ja alles eingeschlossen. Ich also wieder zurück in den Marstall, irgendwelche alten Plakatfarbenreste zusammengemischt, einen kleinen Aquarellpinsel gegriffen, wieder hin und gesagt:»So, das isses.« Ich mich also hingekniet vor die Treppe, mit 25 Mann im Rücken, und dann versuch mal, mit einem kleinen Aquarellpinsel auf einem dicken Noppenteppich mit Wasserfarben eine Kante zu ziehen. Ich habe eine halbe Stunde Blut und Wasser geschwitzt, aber hinterher totale Anerkennung. Aber daß ich vorher die größte Show ausgestattet hatte, fünfmal ausverkauft, das hat die überhaupt nicht interessiert, aber die drei Striche, die waren es, da habe ich das Haus künstlerisch gerettet!

Mittlerweile könnte ich mir vorstellen, wieder an diesem Ort zu arbeiten. Nicht aus nostalgischen Gründen, egal wie es dort einmal aussehen wird. Dieser Platz verlangt nach einem Raum der Begegnung, dort muß etwas passieren, etwas Kommunikatives. Wenn es das wieder gibt, wäre ich und wären viele meiner professionellen Kollegen sofort bereit mitzuarbeiten. Dies ist die Mitte von Berlin, da sollte eigentlich ein europäisches Haus hin, Kultur verbindet immer.

Eberhard Esche

Ein schwieriger Auftritt

Es war im Sommer des Jahres 1989. Dem letzten Sommer der Deutschen Demokratischen Republik. Am letzten Spieltag der Saison am Theater im Palast, welches sich kleinmütig »TiP« nannte. Es war Montag, der 31. Juli, auf dem Spielplan stand »Reineke Fuchs« von Johann Wolfgang von Goethe. Ein deutsches Epos. Seine 4312 Hexameter behandeln den unaufhaltsamen Aufstieg eines Hühnerdiebs zum Reichskanzler. Ein Vorgang, der mir zu jenem Zeitpunkt in keiner Weise bewußt war. Zu Recht, mein Herr, werden Sie sofort die Unfähigkeit des Schauspielers im allgemeinen und der Bedeutung des Textes im besonderen zu entsprechen, erkannt haben. Wenn Sie mir liebenswürdigerweise zugute halten würden, daß wir zu jenem Zeitpunkte keine Reichskanzler hatten, aber dafür Engpässe, werden Sie mir, so hoffe ich, meine damalige Begrenztheit nachsehen und einer kleinen Geschichte aus den Tagen vor der freiwilligen Volksenteignung mit einiger Gunst folgen.

Engpässe waren ein Grund, weshalb in jenen Jahren die Theater meist ausverkauft waren, es war wahrhaftig nicht der einzige, aber es war kein unwichtiger. Engpässe verlangten nach Überwindung, und die Theater boten eine Lösung durch Lachen. Sie werden es nicht glauben, mein Herr, aber es wurde viel gelacht in der Deutschen Demokratischen Republik. Aber natürlich hatte ich damals nicht den richtigen Überblick, ich machte ja auch nur einen Theaterabend oder Vortragsabend, wenn Sie so wollen, manche nennen das auch Leseabend, was wirklich falsch ist, ja ein bißchen kränkend, schließlich hatte ich Monate gebraucht, um den vielen Text ins geplagte Köpfchen zu kriegen, genaugenommen ein halbes Jahr. Daß der Schauspieler in seiner nicht zu bremsenden Eitelkeit Sie schon vor seinem Auftritt einen Blick hinter die Kulissen werfen läßt, hängt mit der Vermutung zusammen, daß der Zuschauer ihn vor allem seiner Gedächtnisleistung wegen bewundert, was den Komödianten nun schon wieder kränkt, denn letztendlich gehört er ja nun wirklich nicht zu den Kopfarbeitern.

Der 31. Juli war ein sonniger Tag. Die Vorstellung begann um 19 Uhr. Zehn Tage lang hatte ich den Text, wie sich das gehört, schön geübt. Ich hatte meinen Nachmittagsschlaf gehalten und zur Stärkung eine Kleinigkeit zu mir genommen (nein, keinen Alk, wohin denken Sie, mein Herr, Alk löscht bei mir zwar nicht den Durst, aber den Text), um nun, so war die Planung, fürbaß zur Vorstellung zu schreiten; natürlich heiter. Heiter muß man zu seinem Verhängnis laufen, was geht es die Leute an, wenn der Künstler sich über den Zustand der Welt grämt und grämlich die Bühne betritt; der gebildete Zuschauer bezahlt seinen Eintritt im allgemeinen nicht für das Privatleben des Künstlers, außer, dieser versteht sein privates Unbehagen über Gesellschaftliches in gesellschaftliches Interesse zu bringen. Und was nützt es dem Schauspieler, wenn er mit dem Gestus »Ich liebe euch alle!« die Bühne betritt, und keiner glaubt's ihm.

Zurück zum 31. Juli, ich hatte also an meinem Gestus gearbeitet; ich hatte geübt, ich hatte geschlafen, ich hatte gegessen, ich hatte und ich hätte, wenn da kein Hund gewesen wäre. Sie stutzen und denken, was will der Mensch uns eigentlich erzählen? Ich fahre sofort fort mit der Geschichte, aber zu dieser Geschichte gehört ein Hund, ich bitte Sie, es ist eine Theatergeschichte, und sie hat in Goethe ihren Ursprung, und Goethe ist von Hunden vom Theater gejagt worden; dem Hundeleiter Carsten aus Leipzig, in Intrige gesetzt von Frau Ca-

roline Jagemann aus Weimar. Heutzutage wird die Rolle des Hundes von den Regisseuren selbst übernommen. Doch die Geschichte, die ich erzählen will, soll keine Hundegeschichte werden, obwohl's mich juckt; nein, in dieser Geschichte kommt einfach ein richtiger und kein falscher Hund vor, weiter nichts. Sie beginnt mit ihm im oben erwähnten bedeutsamen Jahre, östlich der Elbe geboren, an einem nicht näher zu bestimmenden Ort. Es reicht zu wissen, was Fontane wußte: der Rheinländer hält alles Land östlich der Elbe für Sibirien. Irgendwo in Sibirien also, in der Nähe von Wittstock, erblickte Nana, so heißt der kleine Hund, das Licht der Hundewelt. Nanas Hundeblut war kein sibirisches, es war englisches. Sie ist ein echter Airdale-Terrier, und ihr Geschlecht ist weiblich.

Eine schöne Lady in der kleinen Stadt Amsterdam, westlich der Elbe gelegen, war manchmal traurig, und damit sie das nicht bliebe, wollte ich ihr Nana schenken, die ich zu diesem Behufe aus dem mecklenburgischen Teil von Sibirien abholte. Im Mai geboren, konnte sie im Juli von ihrer Mutter Abschied nehmen und lebte schon einige Tage bei mir. Ich lebe schon seit 1961 im Westteil von Sibirien, in Berlin. In Ost-Berlin. Wo auch der Palast der Republik steht. Und schon sind wir wieder beim 31. Juli. Ich hatte, wie gesagt, alles Nötige an Vorbereitungen getroffen, durchaus Nana mit einbezogen, und hatte, jetzt geht die Geschichte schon richtig los, das Auto mit allen für den Urlaub nicht zu gebrauchenden Dingen vollgestopft. Denn es war ja der letzte Spieltag der Saison, und am nächsten Morgen sollte der Urlaub beginnen, mit einer langen Autofahrt, zu zweit, mit Nana. Der Leser des aufkommenden 21. Jahrhunderts wird es kaum verstehen, wie man sein Auto, welches ja ungeschützt auf der Straße stand, noch in den späten 80ern des 20. Jahrhunderts am Abend vor der Abreise packen konnte, regelrecht zum Einbruch herausfordernd, ohne zu argwöhnen, daß eingebrochen werden könnte.

Wie soll man das erklären? Damals war das eben so. Das Schreckensregime war unberechenbar. Das Auto also gepackt, mit Nana ausgiebig Gassi gegangen, Textbuch und Brille in die Tasche gesteckt, noch ein letzter Blick auf das Morgige: Autoschlüssel, Autopapiere – Wo sind die Autoschlüssel? Blick auf die Uhr, noch habe ich Zeit, um 19 Uhr beginnt die Vorstellung, jetzt ist es 17 Uhr, zwei Stunden habe ich noch. Ich beginne zu suchen, ruhig erst, dann systematisch: Wann war ich zuletzt am Auto, hatte ich die Schlüssel beim Gassi-Gassi bei mir? Richtig, wieder runter zum Park, Nana mit, freut sich das Hundchen, ich weniger, ich sage: »Nana, such!« Der Hund ist 10 Wochen alt und zeigt Begeisterung, weil ich soviel mit ihm spreche. Keine Schlüssel im Gras. Ich blicke auf die Uhr. Noch Zeit. Aber etwas weniger. Ich muß in der Wohnung noch einmal suchen, systematischer. Nana sieht einen Hund, es ist ein Bernhardiner, Nana beginnt schon früh sich zu übernehmen. Die Zeit wird knapp. Endlich wieder in der Wohnung. Vielleicht steckt der Schlüssel noch unten am Kofferraumschloß? Blick aus dem Fenster hinunter auf das Auto … der Schlüssel steckt. Steckt wie gedacht. Ich stürze die Treppen hinunter, auf die Straße: Keine Schlüssel im Schloß, Fata Morgana.

Was soll ich machen, ich muß zur Vorstellung. In das Theater im Palast.

Ich will Sie nicht mit der Beschreibung meines damaligen Seelenzustandes langweilen, statt dessen möchte ich diesen durch ein zur Sache gehörendes Geschichtchen erläutern.

Es gibt eine alte Schauspieleranekdote: Einst spielte ein Kollege die Rolle des Geistes in Shakespeares Stück »Hamlet«. Der Regisseur, von der damaligen modern art, hatte angewiesen, der Kollege Geist solle die Bühne im Finstern betreten, und erst wenn er spräche, habe er mit einer mitgeführten Taschenlampe sein Gesicht ganz

kurz anzuleuchten. Diese Regiebemerkung (so nennt man das) ist subjektiv durchaus begründet, der Regisseur sitzt unten im Parkett, im Finstern und sucht sich selbst, er wähnt sich im schöpferischen Zustand, wenn er sich nicht gezwungen sieht, andere Regisseure nachzumachen, die das Schöpfen ebenso lustvoll-schmerzlich wieder anderen Regisseuren nachmachen, die ebenfalls …, also fühlt er sich ins Denken hinein und spricht zu sich: »Ich bin hier unten im Dunklen, also sollen die da oben auch ins Dunkle. Ich knipse einfach das Licht aus.« Er dünkt sich in Freiheit und tut es. Niemand hindert ihn, er bekommt seine Fühl-Denk-Prozesse ordentlich bezahlt. Unter uns gesagt: Natürlich spielt Gevatter Neid hier auch eine kleine Rolle. Der Zuschauer kennt ihn nicht, will ihn auch gar nicht kennenlernen, das kränkt doch. Der Zuschauer kennt nur den Schauspieler, und wenn der Schauspieler gut ist, sogar den Dichter, das ändert jetzt der Regisseur.

Eigentlich sind sie eine gute Erfindung. Es gibt sie noch gar nicht so lange, und die Schauspieler hatten sie sich miterfunden, damit sie nicht zuviel Unsinn auf der Bühne treiben. Aber ewige Zauberlehrlinge, die die Komödianten sind, hatten sie sich einen Besen erfunden, der sie nun von der Bühne fegen wird und bestenfalls Reste des Albernen und Ulkigen von ihnen übrigläßt, getreu der modernen Regiekonzeption: »Fröhlich soll unser Bombenkeller sein.« Doch soweit sind wir noch nicht; unser Kollege Geist tritt also im Finstern auf, hört sein Stichwort und knipst das Lämpchen an. Das Lämpchen aber tut es nicht. Ob nun ein Regieteufelchen im Lämpchen sitzt oder der Requisiteur kein Batteriechen ins Lämpchen getan hat, weil mal gerade wieder eine gutbürgerliche Sparzeit herrschte, wie dem auch sei, unser Kollege Geist spricht im Finstern seinen Text bis zum düsteren Ende und verläßt die Bühne, wie er gekommen, im Finstern. Ein Regietraum war wahr geworden. Niemand im Zuschauerraum hatte ihn wahrgenommen, nur hatte man in der herrschenden Nacht jemanden grummeln hören. Er, jetzt meine ich wieder den Kollegen, wankt zu seiner Garderobe, erreicht sie, sinkt auf seinen Schemel, stemmt die Ellenbogen auf den Schminktisch (»Schon seit Jahrhunderten sitzt er / am steinernen Tisch, auf steinernem Stuhl / sein Haupt auf die Arme stützt er«), schaut im Spiegel ins bleich geschminkte Gesicht, faßt sich in die nach oben gesteifte, wirre Perücke und spricht die historischen Wörter: »Da schminkt man sich wie ein Arsch, da sieht man aus wie ein Arsch, und dann geht die Lampe nicht.«

Da hatte ich seit mehr als einer Woche den Text gebimst, den Tag der Vorstellung mit Sprechübungen, Leseübungen, Atemübungen, mit was allem noch verbracht, sogar das ungewohnte Hündchen zeitlich unterbringen können – und nun war meine Lampe aus und meine gute Laune weg. Die heitre Gelassenheit, die man zur vollen Konzentration für einen zweieinhalb Stunden währenden Abend, nur mit dem Dichter allein auf der Bühne stehend, braucht, war futsch.

In erläuterter Seelenverfassung verließ ich die Wohnung und schritt zum Theater. Ich erreichte es. Nun ja, Theater, ein richtiges Theater hatte der Palast natürlich nicht. Dafür zwei. Eins im Treppenhaus, Fassungsvermögen 300, und eins in einem 340 Zentimeter hohen Zimmer, in welches 130 Leute hineinpaßten. Doch wie dem auch sei, man konnte darinnen Theater spielen. Und was man auch gegen Vera Oelschlegel, die Intendantin des Zimmer- und Treppenhaustheaters, vorbringen will, ihr und fast nur ihr waren diese beiden Möglichkeiten zu verdanken. Es war 19 Uhr. Der köstlich improvisierende Cembalist Armin Thalheim eröffnete das Verhängnis mit Variationen zu dem Thema: Fuchs, du hast die Gans gestohlen. Ich war dran. Auftritt. Ausverkauftes Haus. Gut, das Zimmer hatte nur 340 Zentimeter Höhe, aber immerhin Abend für Abend 130 Zuschauer, und es war die 150. Vorstellung, zusammen-

gezählt gar nicht wenig Leute für einen toten Klassiker, in kurzer Zeit, im Palast. Diese Menschen hält man nicht, wenn man grämlich als Verdrossener (heute würde man sagen, als Bürgerrechtsgewerbler) die Bühne betritt; also stehe ich mit dem Peter-Alexander-Gestus (Sie erinnern sich: »Ich liebe euch alle!«) auf dem Gerüst und weiß gleich, die glauben's mir nicht, wie sollten sie auch, ich hatte ja nur eines im Kopfe: Wie komme ich morgen früh ins Auto! Ich hätte mir den privatisierenden und dennoch gestuslächelnden Kopf vom Rumpfe reißen mögen – neben dem Text:

»Pfingsten, das liebliche Fest war gekommen;
es grünten und blühten
Feld und Wald; auf Hügeln und Höhn, in Büschen
und Hecken
übten ein fröhliches Lied die neuermunterten Vögel«

klingelten die Autoschlüssel im Hirn. Das Gedicht besteht aus 12 Gesängen. Ich begann mit dem Ersten Gesang: ratter ratter. Zweiter Gesang: ratter ratter, im Hexameter-Rhythmus, also immer 6 Hebungen in einer Zeile. Das Publikum hält durch. Dritter Gesang: ratter ratter ... Oft trösten wir Schauspieler uns nach mäßiger Leistung mit dem Satz: »Die Leute merken es nicht.« Das ist ein Irrtum und Selbstbetrug. Ein gutes Publikum kriegt alles mit, es läßt es sich nur nicht anmerken, jedenfalls nicht gleich. Der beste Teil des Theaters, nach dem Dichter, ist das Publikum. Doch ist seine Leistungsfähigkeit im Ertragen von Trallala enorm. Es ist seiner Toleranz wegen stillschweigend von mir schon oft verflucht worden: Wie oft bin ich aus schlechten Inszenierungen, von oben erwähnten Regisseuren in Szene gesetzt, aus dem Theater gelaufen, die Leute blieben sitzen. Manchmal frage ich mich, was mehr zu bewundern ist, ihr Kopf, der soviel Scheiße aushält, oder ihr Arsch, der soviel Scheiße aussitzt. Vierter Gesang, in der ersten Reihe sitzt ein

Mann und schläft. Der Mann hat recht. Er schläft nicht Goethes wegen, das traute er sich nicht, neben ihm sitzt seine Frau, er schläft meinetwegen. Ich will nach Hause. Ich rezitiere weiter. Der Mann schläft. Ach, wäre ich doch an seiner Stelle. Während mein Mund den Goethe spricht, denkt mein Kopf aus Shakespeares »Heinrich«: »O süßer Schlaf, Du Amme der Natur, warum liegst Du in verqualmten Hütten, auf unbequemen Pritschen ausgestreckt, statt in der großen duftdurchtränkten Zimmern …« Das geht, es klingt unwahrscheinlich, daß man, während man seine Rolle spricht, im selben Moment an etwas ganz anderes denkt, es klingt schizophren, und das ist es auch. Es ist immer ein klares Zeichen von Von-der-Rolle-Sein. Der Mann hat recht, daß er schläft, aber er stört. Mitten während des Fünften Gesanges höre ich auf und wende mich zum Manne.

»Mein Herr, wir beide haben ein Problem.« Der Mann wird munter. »Sie schlafen, und ich spreche. Sie stört mein Sprechen nicht, doch mich Ihr Schlafen. Ich strebe eine Lösung des Problems an. Darum habe ich unterbrochen, und dafür bitte ich um Verzeihung. Ich schlage vor, wir untersuchen, wer von uns beiden das größere Problem hat. Ich beginne mit unserer Gemeinsamkeit: Wir gehen beide nicht gerne ins Theater. Ich, weil ich schlechtes Theater hasse, also genau das, was ich gerade tue, und Sie gehen nicht gerne ins Theater, weil Theater langweilig ist, und auch da gebe ich Ihnen vollkommen recht, nur können Sie dabei, im Gegensatz zu mir, schlafen. Ich unterstelle, Sie hatten heute einen Scheißtag, Sie mußten schon heute morgen im guten Anzug zur Arbeit gehen, bloß weil Ihre Frau seit achtzehn Jahren sagt: Warum gehen wir nicht mal ins Theater.«

Ich hatte es getroffen, ich sah es seiner Frau an. Er war schon zu Beginn des Zweiten Gesangs eingeschlafen, sie hatte gesehen, daß ich das mitbekommen hatte, und blickte mir Beruhigung zu, jetzt blickte sie Erstaunen.

Er, erst verdutzt, dann verblüfft, grinste und winkte kurz mit beiden Armen Beschwichtigung. Eigentlich verstanden wir drei uns auf Anhieb. Doch ließ ich nun nicht mehr locker, endlich waren mir diese unnützen Autoschlüssel aus dem Hirn gefallen, auch durfte ich nicht aufhören, ich hatte eine Lösung versprochen, und so fuhr ich fort:

»Achtzehn Jahre lang den Argumenten einer Frau zu widerstehen ist heldenhaft. Doch Ihre Frau ließ nicht nach, was sollen wir Männer machen, die Frauen sind nun mal der poetischere Teil des Menschengeschlechtes, und als der Palast der Republik fertiggestellt war, verschärfte Ihre Frau die Argumentation. Sie führte an: die Restaurants im Hause, die teilweise gute Küche, das Wernesgrüner Bier und – möglicherweise das Argument der Argumente – gleich unter dem Theater die Bowling-Bar. Alles das, dazu die Möglichkeit, Ihr schlechtes Gewissen, seit achtzehn Jahren zu einem nicht übersehbaren Berg aufgehäuft, mit einem Rucke abzutragen, hatte schließlich zum Siege Ihrer Frau und damit zum Triumph der sozialistischen Losung ›Werktätige, erstürmt die Höhen der Kultur‹ geführt. Doch solch eine Anstrengung hat Folgen: nach dem Siege schläft man ein.

Und das gönne ich Ihnen auch, wenn es nur nicht bei mir wäre und wenn ich Ihnen dabei nicht zusehen müßte. Sie sitzen in der ersten Reihe; gut, das ist Ihnen im Schlafe nicht bewußt, doch neben und hinter Ihnen – die Massen!!! 129 Besucher, die ich erreichen will, was mir sicher auch gelänge, wenn ich nicht immer nur Sie sähe. Und da bin ich schon bei meinem Problem, mein Problem sind überhaupt nicht Sie, mein Problem ist ein kleiner Hund …«

Und ich erzählte die Ihnen, mein Herr, schon bekannte Geschichte, natürlich nur die vom Hund, dem Autoschlüssel und jenem ominösen Urlaub. Und schloß: »Entscheiden Sie nun, wer von uns beiden das größere Problem hat.«

Natürlich hatte ich das größere, ich stand ja oben. Also lachten und jubelten die Massen, das Ehepaar, von dem ich erzähle, fühlte sich dabei im Mittelpunkt und nicht verraten, ich hatte mich wieder gefangen, und Goethe hatte gewonnen. Am Schlusse gab es langen Applaus und eine gute Pointe. In der ersten Reihe saß noch ein Mann, welcher aber nicht geschlafen hatte, sondern in meine fünfte Verbeugung hineinschritt und ein zusammengefaltetes Zettelchen hinaufreichte. Auf dem Zettel stand seine Adresse, sein Beruf und die handgeschriebene Mitteilung, daß er als Autoschlüsselschlosser gerne behilflich wäre und mir bis morgen früh helfen könne.

Das, mein Herr, ist der Schluß von dieser Geschichte, ich habe auch noch andere Geschichten vom Palast der Republik zu erzählen, doch diese handelt vom Berliner Publikum, das ist der Grund, weshalb ich sie ausgewählt habe.

Eberhard Esche

Thomas Alfermann

Auf in die Spreedisko

Fahre ich heute von Potsdam über die Stadtautobahn oder mit der S-Bahn auf direktem Wege nach Berlin, denke ich oft an die Zeit zurück, als es alltäglich war, einmal um die Mauer herumzufahren, um ins Zentrum der Hauptstadt der DDR zu gelangen.

Vor der Mauerrunde war der Bahnhof Alexanderplatz mit der S-Bahn in einer knappen dreiviertel Stunde erreichbar. Nach 1961 mit der Außenringumgehungsbahn dauerte dieselbe Verbindung fast zwei Stunden. Der »Sputnik«, wie ihn der Volksmund zukunftsgläubig im Sinne von »schnell« nannte, fuhr stündlich mit Doppelstockwagen über den südlichen Berliner Außenring. Nur im Arbeiterberufsverkehr morgens und zum Feierabend fuhr er jede halbe Stunde. Man brauchte also viel Zeit, um von Potsdam aus in die Ost-Berliner Kultur einzutauchen.

Zum Beispiel für einen Besuch in dem riesigen, für die 70er Jahre hochmodernen Kasten in Ost-Berlins Mitte, genannt »Palast der Republik«.

Zunächst schwärmten alle Besucher von der Ausstattung des Hauses und dem reichhaltigen Angebot. Besuchermassen aus dem Umland der Hauptstadt sorgten dafür, daß Theateraufführungen, Gastspiele und Veranstaltungen jeglicher Art schon wochenlang vorher ausgebucht waren. Es sprach sich eben rum und machte die Leute neugierig.

Meine damalige Arbeit brachte es mit sich, daß ich immer mal was mit den mir anvertrauten Lehrlingsgruppen unternehmen mußte. Im unbeliebten FDJ-Studienjahr gab es viel Raum für sogenannte jugendtypische Aktivitäten.

Darunter verstanden die Oberen in der Regel Sonderschichten im FDJ-Hemd, was auch vorkam, doch einfach mal los in die Disko, das warf den Sozialismus nicht gleich aus der Bahn und war auch möglich. Die jungen Leute hatten dann den Vorteil, daß Karten für Eintritt und Fahrt der Betrieb übernahm.

Doch wo gab es eine Disko, die ohne Probleme erreichbar war? Jeder Jugendliche kannte natürlich »seine« Disko zu Hause, doch das war ja Alltag und nichts Besonderes mehr. So einigten wir uns auf den Staatspalast. Den kannten alle von außen, aber jeder wollte gerne mal reinschauen, vor allem in die legendäre Disko.

Also riefen wir an und erhielten die Adresse der zentralen Kartenreservierungsstelle für Kulturveranstaltungen im Palast, die wir dann angeschrieben haben. Das war kurz nach Weihnachten.

Nach ca. 14 Tagen bekamen wir Post aus dem Palast. Wir wären als Gäste gern gesehen, doch leider nicht die einzigen, die am kulturellen Leben teilnehmen wollten, und müßten uns dem strengen, doch gerechten, dafür aber zeitraubenden Bestellsystem unterwerfen. Ein passendes Bestellformular im Postkartenformat lag mit bei.

Der Januar neigte sich dem Ende zu. Doch es passierte nichts. Kein aktuelles Lebenszeichen aus dem Bestellbüro.

Doch dann, Ende April, bekamen wir Post. Na, wer sagt's denn, die Karten für die Spree-Disko lagen abholbereit im Palast. Natürlich nur zu einer bestimmten Zeit, an einem bestimmten Tag, an einem bestimmten Schalter. Sie waren auch unbedingt zu diesem einen Termin abzuholen, sonst würden sie garantiert verfallen. Der Jubel war groß, die ganze Gruppe konnte sich auf eine Disko im Juni freuen.

Da bis zu dem großen Ereignis noch einige Wochen blieben, hatten vor allem die Mädchen noch genügend

Beim Jugendtanz: »Weita so'n Training,
und die sind entweda lahm oda olympiareif!«

Zeit, sich die passenden Klamotten zu besorgen. Wie gehabt – ein willkommener Anlaß!

Im Juni ging es endlich los.

Die Gruppe von 15 Jugendlichen mit Ausbilder traf sich auf dem am damaligen Berliner Außenring gelegenen Potsdamer Hauptbahnhof. Für die meisten war dieser Treffpunkt schon das Ende einer halbstündigen Straßenbahnfahrt inklusive Wege- und Wartezeiten. Gegen halb fünf Uhr setzte sich der »rasende« Sputnik in Bewegung. Eine Stunde später waren wir in Berlin-Karlshorst, wo wir frohgestimmt die Fußgängerbrücke erkletterten.

Die Diskozeit hatten wir immer im Kopf: Start 19.00 Uhr – Ende (leider) 24.00 Uhr. Alles wollten wir mitnehmen, es sollte ein Erlebnis werden.

Ab Bahnhof Karlshorst benutzten wir die S-Bahn, die, aus Erkner kommend, bis zum Alex durchfuhr. Dafür brauchte sie ungefähr eine halbe Stunde. Wir waren zwischen sechs, halb sieben Uhr in Sichtweite des Palastes und nun endlich so gut wie am Ziel.

Schnell waren wir am Fernsehturm vorbei und hinüber zum Palast, mit dem sicheren Gefühl im Bauch, die weite Reise nicht umsonst gemacht zu haben, denn wir hatten ja Karten.

Viele Leute waren noch nicht da. Erst irgendwann zwischen sieben und acht Uhr ging es dann richtig los.

Große Überraschung: Die Musikwiedergabe war für die damaligen Verhältnisse in einwandfreier Qualität dank sehr guter Technik. Die Präsentation der ganzen Sache lief gekonnt ab.

Vorrangig wurden Titel aus den laufenden Jugendprogrammen des DDR-Rundfunks gespielt, welche die meisten jedoch nicht kannten. Der Wiedererkennungseffekt ergab sich dann besonders rasch, wenn es um die internationalen Titel ging. Die kannte jeder aus dem Radio. »Sun of Jamaica« und ähnliche Songs sorgten schnell für gute Stimmung. Das Publikum bestand aus jungen Leuten, davon auffallend viele Soldaten, die

etwas Zerstreuung vom »Friedensdienst« an der Mauer suchten.

Getränke und Service waren einwandfrei; DDR untypisch kaum mit Anstehen und Warten verbunden und zu jugendgemäßen Preisen. Ein Mixgetränk kostete so zwischen drei und vier Mark. Bier war in DDR-Diskotheken selten zu kriegen.

Meine schönste Erinnerung ist natürlich die sich drehende Tanzfläche, eine blaue Scheibe von ca. zehn Meter Durchmesser, für die Provinzeulen durchaus was unerwartet Neues.

Nichts Neues dagegen war der Rückweg. Wir mußten den Zug ca 0.30 Uhr in Berlin-Karlshorst schaffen, um noch nach Potsdam zu kommen. Das bedeutete, daß die Gruppe spätestens eine halbe Stunde vor Mitternacht vom Palast aus die große Mauerrunde zurück antreten mußte. Zu einer Zeit, da heute selten jemand eine Disko freiwillig verläßt, es sei denn, es geht in die nächste.

Was half es aber – wir machten uns auf den Weg und waren trotz aller Mühsal der Meinung, etwas absolut Schönes und Einmaliges erlebt zu haben.

Käte Neumann

Die Zeitungsleserin

Ein Besuch im Palast war mein Freitagsprogramm während langer Krankheit (mit anschließender Invalidität) in den 80er Jahren. Freitag deshalb, weil das der Erscheinungstag des »Eulenspiegels« (beliebte und begehrte Satire-Wochenzeitung in der DDR) war. Schon der Weg an der Spree entlang ab Jannowitzbrücke war interessant: mit Schiffen auf dem Wasser, Spaziergängern am Ufer, Betrieb an der Mühlendammschleuse, dem Nikolai-Viertel im Aufbau. Und dann war man, war ich am Palast, wo es Bekanntes, aber auch immer wieder etwas Neues zu sehen und erleben gab. Eben die unterschiedlichen gastronomischen Einrichtungen, die Kunstgewerbegeschäfte mit verlockendem Angebot, die Bilder in den Foyers, auf denen man immer wieder Neues entdeckte. Also freitags, nach dem Zeitungskauf, noch einen kleinen Imbiß in einer der kleineren Gaststätten, dort die ersten Eulenspiegel-Seiten gelesen oder bei schönem Wetter, draußen vor dem Palast sitzend, das Eulenrätsel gelöst.

Aber noch wichtiger war mir der Palastbesuch an den Wochenenden; irgendwo in den Foyers gab's meist Kultur – mit Qualität und umsonst!

Und immer war der Palast ein Menschentreffpunkt; man kam ins Gespräch mit Bekannten, auch mit wildfremden Leuten, mit Berlinern und Touristen. Gesprächsthemen gab es in Fülle: über den Palast, sein Aussehen, seinen Platz in der historischen Mitte der Stadt, darüber, daß drüben am Staatsratsgebäude das geschichtsträchtige Portal des ehemaligen Stadtschlosses eingefügt war.

Ja, es war eine Art »zweites Zuhause«, es gehörte zum Wochenablauf vieler Berliner, eben mal wieder zum Palast zu gehen, ohne dies etwa lautstark jeweils als Besuch des »Hauses des Volkes« zu propagieren.

Ruhepause mit Kreuzworträtsel:
»Prächtiges Gebäude mit sechs Buchstaben – vorne ›P‹ ...«

Gerhard Holtz-Baumert

Auch für die Kinder retten!

Mit dem Palast und seinem Großen Saal verbindet sich für mich ein Erlebnis zwischen Triumph und Katastrophe.

Als mich die charmante Cheflektorin des Kinderbuchverlages ansprach, ob ich nicht im Palast lesen würde, der Kinderbuchverlag feiere seinen 40. Geburtstag, sagte ich gern zu. Denn ich glaubte, die Veranstaltung sei im TiP, dem intimen Theater im Palast. Dort hatte ich im kleinen Kreis vorgelesen. Zuhörer waren Kinder, oft mit ihren Müttern oder Lehrern. Manchmal zusammen mit Manfred Bofinger, der dann zeichnete und viel Beifall erntete.

Als mir die Cheflektorin noch sagte, auch Benno Pludra und Uwe Kant würden lesen und in altbewährter Weise Bofinger dabeisein, freute ich mich doppelt.

Dann, der Termin lag weit, vergaß ich die Sache, bis mich ein Plakat an den Litfaßsäulen aufschreckte. Dort stand zu lesen, daß im Großen Saal des Palastes, nicht im TiP, ein heiteres Leseerlebnis für Kinder anstünde, Autoren und Grafiker wurden genannt. Man denke, wir Vorleser und der Buchkünstler, zwergenhaft vor dem riesigen Saal, der mindestens halbleer gähnen würde. Die Katastrophe war programmiert! Ich stürzte ans Telefon und zog, mich geprellt fühlend, meine Zusage zurück. Du hast es gewußt! Es geht nicht! erwiderte die Cheflektorin ungerührt, die zwei Veranstaltungen sind bereits ausverkauft. Zwei? Wieso zwei? schrie ich, das ist ja eine doppelte Pleite.

Am Tage der ersten Lesung saßen wir deprimiert in der Garderobe. Die Cheflektorin sprach uns Mut zu und zog sich zurück. Und dann stolperten wir über die weite Bühne und vor die riesige Flimmerwand, die unsere hilflosen Gesichter vielfach vergrößert zeigte. Wir sahen bestürzt: Der Saal mit seinen 3000 Plätzen war voll besetzt. Und Kinderstimmen, die hellen der Kleinen, die stimmbrüchigen der Knaben aus 8. Klassen. Dazwischen Omas, Kindergärtnerinnen, Väter. Eines rief durchdringend: Ich muß mal …

Pludra flüsterte mir zu: Das ist der Anfang vom Ende!

Wir begannen zu lesen, es wurde stiller, wiewohl völlige Ruhe nicht eintreten wollte. Wir führten unsere bescheidenen Laienspieler-Künste vor, versuchten mimische Untermalung und sahen hinter uns unsere dilettantischen Bemühungen noch gewaltig vergrößert. Bofinger stürmte mit meterlangem Leporello auf und ab. Je länger es dauerte, desto unruhiger wurde es wieder, ein Keksstück flog auf die Bühne. Freundschaftliche Gabe oder Signal für ein entsprechendes Bombardement? Gleich kommen Tomaten, wisperte Uwe Kant, sogar erheitert, wie mir schien.

Wie auch immer, wir brachten die Lesung zu Ende, es gab Beifall und munteres Geplapper beim Schlußwort, als wäre eine Schulstunde mit Diktat zu Ende.

Nachher saßen wir wieder in der Garderobe. Na also, ist doch schön gewesen, sagte die Cheflektorin zufrieden. Und morgen auf ein neues, fügte sie hinzu. Unmöglich! Wir weigerten uns alle; Pludra murmelte fest: Ich werde nicht kommen! Er sah die Tomaten wirklich schon fliegen.

Ich schlief sehr unruhig und zählte an den Schlafanzugknöpfen ab: Ja, nein, ja, nein. Und ging; was blieb denn übrig, Wort ist Wort! Wir warteten auf Pludra, er ist kein Mensch pedantischer Pünktlichkeit und hatte eine lange Anfahrt. Er kam nicht, zehn Minuten über der Zeit betraten wir quantitativ und seelisch reduziert die Bühne. Wieder der Saal voller Kinder, Flüstern, Kichern.

Uwe Kant und ich lasen, als wären wir bei Max Reinhardt ausgebildet worden, Bofinger sprang wie ein Tennisball her und hin. Und das Wunder? Wenn wir gestern dicht an der Katastrophe vorbeigesegelt waren, heute blieb alles still und aufmerksam, die Lacher ertönten, wo sie kommen sollten. Der Beifall war groß. Nun konnte ich mir vorstellen, wie Schauspielern zumute ist, die vor dem dunklen Rachen des Zuschauerraumes agieren und wissen, frißt sie heute das Publikum, kann es morgen göttlichen Beifall spenden.

Das hat Pludra nun davon, sagte die Cheflektorin, als wir wieder in der Garderobe saßen und Sekt tranken, er ist aber auch zu sensibel, seufzte sie nachdenklich.

Ich sage: Auch deshalb muß der Palast erhalten bleiben! Damit Kinderbuchautoren dort im Großen Saal vorlesen und Buchkünstler ihre Leporellos und Cartoons zeigen können. Ganz gleich, ob es je ein Verlag wieder wagen wird, zu einer solchen Veranstaltung einzuladen, und ob Schriftsteller und Grafiker – und ob Kinder kommen werden. Die Chance für die kühne Wiederholung muß auch in Zukunft sein!

Petra Drauschke

Wir feierten gern im Palast

Vorige Woche jährte sich unser 18. Hochzeitstag. Ich frage mich heute noch manchmal, warum wir gerade im kalten Januar 1978 heiraten wollten. Aber bis jetzt bereuen wir unsere damalige Entscheidung nicht. Nach der Trauung im Standesamt Mitte, im Berolinahaus, spazierten wir mit unserem kleinen Familienkreis zum Palast der Republik, wo wir das Mittagessen bestellt hatten. Ich kann mich noch erinnern – es war ein kalter, aber sonniger Tag. Meine Freundin hatte vor dem Standesamt auf uns gewartet, und sie war richtig durchgefroren. Um so wohliger wurde es uns im Palast. Die Restaurantchefin begrüßte und gratulierte uns.

Es gab drei Restaurants zur Auswahl. Wir hatten uns für das mit Blick auf den Berliner Dom entschieden. Da mein Mann ein Techniker und vielleicht auch darum ein sehr gründlicher, alles genau abwägender und prüfender Mensch ist, hatten wir auch diesen Entschluß, im Palast der Republik unser Hochzeitsmittagessen einzunehmen, weder spontan noch zufällig gefaßt. Dem waren mehrere Probeessen vorausgegangen, mal allein, mal mit Besuch von außerhalb, mal mit den Eltern. Und das wird uns stets in guter Erinnerung bleiben – es schmeckte, es war eine gediegene, aber nicht spießig feine Atmosphäre, und es war preiswert. Nicht nur die Probeessen waren gut, auch unser Hochzeitsessen war sehr gelungen.

Es passierte noch folgendes:

Meiner Schwägerin aus Potsdam kippte ein Eisbecher im Zeitlupentempo vom Tablett der hinter ihr stehenden

Serviererin genau in den hinteren Halsausschnitt. Das Eis zog auf der extra für die Feier gekauften neuen Bluse eine gut erkennbare Bahn. Die Serviererin entschuldigte sich vielmals, ihr war es sehr peinlich. In Hochstimmung ließen wir uns aber die Laune nicht verderben. So etwas erzählen wir uns noch heute nach dem Motto: Weißt du noch, als wir im Palast unsere Hochzeit gefeiert haben und dann die Sache mit dem Eisbecher? Und alle schmunzeln.

Es wurde zur guten Familientradition, unseren Hochzeitstag im Palast der Republik mit einem Essen zu feiern. Später waren dann unsere beiden Söhne dabei. Man war sehr kinderfreundlich dort. Die Tradition brach mit der Schließung des Palastes ab. Das ist schon schmerzlich und kann sicher nur von denen nachempfunden werden, die ebenfalls den Palast für sich erschlossen hatten. Es ging ja nicht nur ums gute Essen. So haben wir Silvester 1976 die IX. Sinfonie von Beethoven mit Genuß gehört. Der Saal war bis zum letzten Platz gefüllt. Ich könnte gar nicht die Stunden zählen, die ich im Palast nach Karten angestanden habe. Eine richtige Enttäuschung haben wir nie erlebt. Auch die Kinderweihnachtsfeiern mit Axel und Keule haben wir nicht verpaßt.

Ein ganz besonderer Höhepunkt waren die Palastbälle. Einmal hatten wir dafür Karten ergattert. So gut wie auf dem Marmor konnte man sonst kaum irgendwo in Berlin tanzen. Dort haben wir auch Helga Hahnemann erlebt, sie mußte eine Zugabe um die andere geben. Das war eine Stimmung, die in unserer Erinnerung und in unserem Herzen bleibt.

Trafen wir uns im Palast der Republik mit Freunden, war das immer an der Blume, der Glasblume in der unteren Etage. Da konnte man sich nicht verfehlen. Gern würden wir uns auch mit unseren neuen (West-)Berliner Freunden dort treffen.

Das Hochzeitspaar, 1978

Eva Salzer

Die Bestellung

Es mag 1988 gewesen sein. Eine Delegation aus Frankreich besuchte Sachsenhausen. Es waren ehemalige Häftlinge, die in einem Berliner Hotel übernachteten. Nach dem Abendessen führte ich sie stolz in unseren Palast, denn ich hatte für sie gedolmetscht.

Wir gingen ins Café, und da an diesen kleinen Tischen nicht genügend Platz für alle war, rückten die Franzosen mit schöner Selbstverständlichkeit zwei Tische zusammen. Darauf die Serviererin: »Sagen Sie Ihren Gästen, daß dies nicht erlaubt ist.« Doch ich weigerte mich, und sie holte den Geschäftsführer. Dieser, als er erfuhr, um wen es sich handelte, ließ ein großes Tuch über beide Tische breiten, stellte Blumen darauf, ließ Gläser bringen und zückte dann den Kugelschreiber, um uns persönlich zu bedienen.

Und was bestellten die so bevorzugten Gäste? – »Eine Flasche Mineralwasser!« Ich guckte den Geschäftsführer erschrocken an, doch der verzog keine Miene und brachte das Gewünschte.

Als die Franzosen das nächste Mal kamen, starrten wir auf die leere Stelle der Fassade, wo vorher das Emblem der DDR hing. Ein Pflastermaler hatte es exakt nachgezeichnet. Das war wie ein Abschiedsgruß …

Alfred Schemer

Service mit Weltniveau

Ich war von Anfang an im Palast der Republik beschäftigt. Vom Hotel Erfurter Hof bin ich dorthin delegiert worden, um den IX. Parteitag der SED mit vorzubereiten, und am 1. August 1976 habe ich mich entschieden, im Haus zu bleiben. Vor der Eröffnung des Parteitags wurde gewissermaßen ein Probelauf veranstaltet. Dazu wurden alle Arbeiter, die an dem Bau beteiligt waren, eingeladen, und es wurde auf allen Etagen gefeiert.

Für mich war es keine schwere Entscheidung, von Erfurt nach Berlin zu wechseln, ich war ungebunden und kam sofort im Arbeiterwohnheim des Palastes der Republik unter. Angefangen habe ich im Palast als Kellner in der Bierstube, danach wurde ich Kellner im Bowlingrestaurant, und später habe ich als Oberkellner die Weinstube übernommen, d.h., ich war für die Kollegen, die mir unterstellt waren, aber auch für die Waren verantwortlich.

Im Palast gab es drei gastronomische Bereiche: die Spreeebene als untersten, das 1. Geschoß mit den ganzen Cafés und dem Restaurantbereich, zu dem auch die Volkskammer einen Zugang hatte, und drittens die Foyergastronomie in der 4. und 5. Etage. Die Volkskammerabgeordneten haben die ganz normalen Restaurants benutzt, allerdings war bei den Sitzungen kein Publikumsverkehr zugelassen.

Manchmal gab es Leistungswettbewerbe, woran sich verschiedene Gastronomiebetriebe der DDR beteiligten und die von einer Jury bewertet wurden. Unsere Palastmannschaft hatte sich einmal das Thema »Charlie Chap-

Büffet für einen Staatsempfang

lin« ausgesucht. Wir haben versucht, alles in Schwarzweiß zu gestalten, und der Höhepunkt war eine Riesentorte von zwei mal zwei Metern. Das wurde ein voller Erfolg. Das gehörte zu unserer Kürtafel, es gab dann noch eine Pflichttafel zum »40. Jahrestag der DDR«.

Um mal allen Vorurteilen zu begegnen, auch bei Staatsbanketten gab es keine Sachen, die man im normalen Alltag nicht erhalten konnte. Klar, vor dem versammelten diplomatischen Korps mußte man schon gewisse Dinge auf den Tisch bringen, schließlich wurde da ein internationales Niveau erwartet. Aber völlig exotische Sachen gab es nicht.

Interessant waren auch immer die Feste der 15 DDR-Bezirke. Da reisten Delegationen an, brachten ihre eigenen Köche und Mannschaften mit und haben alles selbst organisiert.

Schön war, daß Sortimentslücken im Palast fast immer sofort aufgefüllt wurden, da wurde sehr großer Wert drauf gelegt. Und es gab eine hervorragende Orga-

nisation, die wirklich bemüht war, daß alles reibungslos ablief. Sicher, Berlin gehörte zur Versorgungsstufe A, und das ohne Unterbrechung, aber es war schließlich die Hauptstadt. Logistisch ist manches falsch gelaufen, ich habe mit eigenen Augen gesehen, daß Ware vergammelt ist, weil es keine Transportmöglichkeiten gab. So etwas hat die Öffentlichkeit nie erfahren. Aber vorhanden war fast alles. Entgegen allen Klischees gab es in der DDR z.B. auch Bananenreifekeller.

Mit meinem Arbeitsplatz war ich eigentlich immer zufrieden, und man muß auch sagen, wer im Palast arbeitete, der gehörte schon zu einer gewissen Elite und war dementsprechend motiviert. Viele haben sich, so wie ich auch, weiterqualifiziert durch Fachschule und Studium. Es wurden auch viele Hilfen gewährt, so bekamen Zugereiste bereits nach zwei bis drei Jahren eine Wohnung zugewiesen, bei Familien mit Kindern ging das noch schneller.

Eine nette Anekdote möchte ich noch erzählen: Als ich noch in der Weinstube war, bestellten Gäste ein flambiertes Gericht, und ich stehe mit meinem Flambierwagen da und beginne mit der Arbeit. Plötzlich stehen drei meiner Kollegen neben mir, einer mit einem Feuerlöscher, der andere mit einer Asbestmatte und der dritte mit einer Sanitasche. Ich hatte Mühe, mir das Lachen zu verbeißen, reagierte aber schnell und sagte, es gibt eine neue Durchführungsverordnung für den Brand- und Arbeitsschutz und das müßten wir jetzt immer so machen. Die Gäste haben geschmunzelt.

Hans-Jörg Schultz

Der zentrale Bereitschaftsdienst – oder Mädchen für alles

Anfangs, noch zu Zeiten der Baugrube, war ich Polizeiangehöriger gewesen und für die Bewachung der Baustelle mitverantwortlich. Aus persönlichen Gründen habe ich dann meine Tätigkeit im Polizeidienst aufgegeben und mich beim Palast als Mitarbeiter beworben. Nach einer gewissen Wartezeit und Sicherheitsüberprüfung wurde ich dann auch eingestellt.

Zur Bauzeit war das gesamte Gelände zu 80 Prozent eingezäunt, bis hin zur Gertraudenstraße. Auch die Kirche konnte man nicht betreten, weil wirklich das gesamte Gelände als Baustofflager genutzt wurde. Unbefugte hatten keinen Zutritt. Zudem wurden viel importierte Baumaterialien verwendet, und das weckte natürlich Begehrlichkeiten, und selbstverständlich ist manches verschwunden, auch durch die Bauarbeiter selbst, weil man ja zeitweise nicht einmal einen Wasserhahn kaufen konnte.

Die Baugrube war sehr tief, außer dem normalen Kellerbereich gibt es noch zwei Tiefkeller, also drei Stockwerke nach unten. Dort befand sich unter anderem der gesamte technische Bereich, zum Beispiel zum Absenken der Bühne des Großen Saales. Die Handwerker hatten dort ihre Arbeitsräume und Lager, es gab mehrere riesengroße Tiefkühlräume für die Gastronomie, und die Wäscheabteilung lag hier, es war quasi ein Betrieb für sich. Ein großer Bereich gehörte den Floristinnen, weil ja dauernd die Einrichtungen neu bestückt werden mußten, die Bepflanzungen waren eine der Hauptattraktionen des Palastes. Unsere Blumenfrauen, so haben wir

sie genannt, waren übrigens für das gesamte Haus zuständig, also auch für die Volkskammer, was nicht selbstverständlich war, denn dafür brauchte man einen Sonderausweis. Die Volkskammer hatte z. B. ihre eigenen Reinigungsbrigaden. Einen Dauerausweis für dort hatten die PKV's, also die von der Abteilung Planung und Koordinierung von Veranstaltungen, die unter anderem alle Empfänge organisierten und für die Betreuung ausländischer Gäste und Delegationen verantwortlich waren, das mußte alles bis ins Detail stimmen.

Dieses Haus sollte etwas Besonderes sein, und demzufolge durfte nichts schiefgehen. Nach zehn Betriebsjahren übrigens wurde das Gebäude nicht mehr als Neubau eingestuft und, außer was Ordnung und Sicherheit anbelangt, einiges nicht mehr so heiß gegessen, wie es gekocht wurde.

Um noch einmal auf den Anfang zurückzukommen, ich wurde schließlich in einer Abteilung eingestellt, die sich zentraler Bereitschaftsdienst nannte, und das war ein recht schwieriges Aufgabengebiet, denn wir wenigen Mitarbeiter hatten kein klar umrissenes Arbeitsfeld. Wenn irgendwo Probleme auftauchten, waren wir da, um sie zu lösen. Und Probleme traten immer wieder auf. Bei der Bowlingbahn mußten z. B. bei Regen manchmal Auffangbehälter in die Zwischendecke gestellt werden, damit die Bahnen nicht naß wurden. Die Terrasse zur Spree hin mußte zweimal neu isoliert werden, vielleicht ist aufgrund der kurzen Bauzeit doch manchmal geschlampt worden. Es ist wahrhaftig vorgekommen, daß bei entsprechendem Wasserstand das Wasser sogar ins Hauptfoyer eindrang. Das war natürlich eine Blamage, jeder Kleingärtner legt Dachrinnen und Drainagen so an, daß das Wasser nicht ins Haus hinein-, sondern davon wegläuft. Na, über die ganzen Probleme, die auftauchten, könnte man Bücher schreiben, und unsere Aufgabe war es, diese Probleme schnell und flexibel zu beseitigen.

Wir hatten einen 24-Stunden-Dienst, und es mußte sich erst herumsprechen, daß unsere Dienststelle überhaupt existierte. Wir haben uns alles mitgebracht, was wir für diese 24 Stunden brauchten, weil wir ja unseren Dienst nicht verlassen durften. Anfangs haben wir die Zeit genutzt, um uns mit dem Haus vertraut zu machen, oder man hat ein Buch gelesen, dies fiel später allerdings flach, weil immer mehr Schreibkram dazukam.

Unser zentraler Bereitschaftsdienst war das Sprachrohr des Direktors, seine rechte Hand quasi. Von uns wollte er informiert werden, was in dem Hause los ist, und was wir ihm mitgeteilt haben, war für ihn wichtig. Wir informierten die entsprechenden Leute, wenn z. B. eine Scheibe zu Bruch ging, damit sie schnellstmöglich ersetzt wurde und keine Verletzungsgefahr für andere entstand.

Unsere Dienststelle befand sich im Marstall. Um zu verhindern, daß unsere Mitarbeiter dauernd über die Straße laufen mußten, war ein Tunnel angelegt worden, der auch heute noch existiert. Dieser Tunnel war eigentlich ein Sicherheitsrisiko. Das Betreten des Marstalls war zwar nur mit einem Passierschein möglich, und Besucher konnten von einem Posten erfahren, wie man wohin gelangte, per Fahrstuhl oder übers Treppenhaus, aber es war nicht zu kontrollieren, ob jemand unbefugterweise diesen Tunnel betrat, und es gab ja auch damals nicht nur wohlmeinende Menschen. So hatten wir zweimal Bombenalarm, da ist uns doch der Arsch geflattert, denn wenn in diesem Haus was hochgegangen wäre, hätte man uns alle ins Zuchthaus gesperrt. Tausende Besucher wurden schnellstens evakuiert, wir hatten gesagt, daß aufgrund eines technischen Defektes alle das Haus verlassen müßten, und Gott sei Dank ist nie etwas Ernsthaftes passiert.

Helfried Krüger

Hereinspaziert

Pünktlich 10.00 Uhr öffneten sich täglich die Türen des Hauptfoyers im Palast der Republik.

Viele Besucher bewunderten die Beleuchtung mit über 1000 Kugelleuchten, die Wandgemälde von 16 zeitgenössischen Malern in der Galerie im 2. und 3. Geschoß oder erfreuten sich an den Pflanzeninseln und an der fünf Meter hohen gläsernen Blume.

Man konnte sich in den einladenden roten Ledersesseln ausruhen oder in den oberen Geschossen einen wunderbaren Rundblick durch die großen, leicht getönten Fenster zur Spree- bzw. Platzseite genießen. Viele Besucher sahen sich Ausstellungen an oder nahmen das Postamt und die zwei Souvenirläden in Anspruch. Vom Hauptfoyer aus waren auch fast alle 13 gastronomischen Einrichtungen mit insgesamt 1500 Plätzen erreichbar. Für den Besuch der Veranstaltungen im Großen Saal und für das Theater im Palast benötigte man Eintrittskarten.

Erwähnenswert ist auch die Pausenversorgung im 4. und 5. Geschoß. In kürzester Zeit konnten bis zu 1500 Gäste versorgt werden. Um 24.00 Uhr schloß in der Regel der Palast der Republik. Für die beliebten Palastbälle und Tage der Volkskunst der einzelnen Bezirke sowie bei weiteren Veranstaltungen war auch länger geöffnet. Schließtage im Palast gab es wenige. Nur jeweils an einem Montag im Monat war Ruhetag. Auch zu einigen Kongressen und bei Volkskammersitzungen war der Palast geschlossen. Das Plenum der Volkskammer der DDR als ehrenamtlich tätiges Parlament tagte allerdings nur zwei- bis dreimal jährlich.

Nach Abschluß der Volkskammersitzungen wurde umgehend wieder geöffnet, so daß alle Abendveranstaltungen im Großen Saal und im Theater im Palast stattfinden konnten und auch alle Gaststätten wieder empfangsbereit waren. Übrigens blieben auch während der Volkskammersitzungen alle Freizeiteinrichtungen auf der Spreeseite (Bowlingzentrum mit acht Bahnen, Jugendtreff, Bier- und Weinstube) geöffnet, denn sie konnten von der Spreeterrasse aus separat betreten werden.

In den Räumen der Volkskammer zählte man in jeder Wahlperiode jeweils über hunderttausend Besucher. Diese Zahlen wurden jedoch nicht durch die Teilnahme an den wenigen Volkskammersitzungen erreicht, da nicht mehr als 50 Besucherkarten für den Rang pro Tagung vergeben werden konnten. Die meisten der 246 Plätze im Rang waren den gewählten Nachfolgekandidaten der Volkskammer, den Vertretern des Diplomatischen Korps und der Presse vorbehalten. Der Platz reichte nicht einmal für die Einladung aller Nachfolgekandidaten. Die hohen Besucherzahlen ergaben sich aus den vielen Besuchergruppen, die an den sitzungsfreien Tagen Gäste der Volkskammer waren.

Die Volkskammer war eine beliebte Adresse für Schüler der achten Klassen im Rahmen der Jugendweihestunden, für Studentengruppen und Arbeitskollektive. In der 8. Wahlperiode der Volkskammer (1981–1986) haben z. B. 1685 Jugendweihegruppen mit über 50 000 Teilnehmern der Volkskammer einen Besuch abgestattet.

Abgeordnete der Volkskammer und Mitarbeiter des Sekretariats der Volkskammer machten mit der Arbeitsweise der Volkskammer vertraut, zeigten Räumlichkeiten und beantworteten Fragen der Gäste. Besuchergruppen konnten dabei auch gastronomisch betreut werden.

Neben der Arbeitsweise der Volkskammer galt das besondere Interesse der Besuchergruppen den Baulichkeiten und der technischen Ausstattung. Der Plenarsaal der Volkskammer wurde von vielen Gästen als sehr gediegen und geschmackvoll empfunden. Er gliedert sich in einen leicht ansteigenden Parkettbereich mit 541 Plätzen, davon 81 im mehrstufig angehobenen Präsidiumsbereich, und den 246 Rangplätzen. Alle Plätze, außer die im Rangbereich, verfügen über einen horizontal verschiebbaren Sitz, einen Schreibtisch, einen Lautsprecher, Fremdsprachenhöranschluß sowie installierbaren Mikrofonanschluß. Im Rangbereich haben die Plätze ebenfalls Platzlautsprecher, Fremdsprachenhöranschluß und eine seitlich ausklappbare kleine Schreibplatte. Im Plenarsaal sind 20 Kabinen für Reporter, Dolmetscher und Stenografen sowie Kamerastandorte für Fernsehübertragungen angeordnet.

Auf beiden Seiten des Plenarsaalbereiches befinden sich in 3 Geschossen insgesamt 6 variabel teilbare Konferenzräume mit bis zu 100 Plätzen. Den Fraktionen und Ausschüssen der Volkskammer standen so 12 Räume zur Verfügung. Auch die Außenfoyers im 3. Geschoß konnten für Konferenzen genutzt werden. Waren alle Trennwände aufgezogen, entstanden jeweils zwei Räume mit einer Kapazität von 200 Plätzen.

Viel Aufmerksamkeit bei den Besuchern fanden die Landschaftsgemälde in den Konferenzräumen. Zwölf bildende Künstler aus verschiedenen Bezirken der DDR hatten den Auftrag erhalten, auf Tafelbildern heimatliche Landschaft zu gestalten. In 44 großformatigen Bildern ist die Schönheit der Heimat von der Ostseeküste bis zum Erzgebirge, vom Harz und Thüringer Wald bis zu den Niederungslandschaften im Odergebiet erfaßt.

Während vor der Bildergalerie im Hauptfoyer des Palastes sich öfter die Gemüter über das Für und Wider der Gemälde erhitzten, wurden die Landschaftsgemälde in den Räumen der Volkskammer als schön und ansprechend empfunden.

Abschließend sei noch erwähnt, daß der Plenarsaal und die Konferenzräume in der Volkskammer ebenso gesellschaftlichen Organisationen und Gremien zur Nutzung

Bronzerelief von Joachim Jastram in der Eingangshalle der Volkskammer

zur Verfügung standen. Auch sei angemerkt, daß sich die drei größten Gaststätten mit insgesamt 739 Plätzen im Gebäudeteil der Volkskammer befanden. Linden-, Spree- und Palastrestaurant lagen im 2. Geschoß unterhalb des Plenarsaales und der Konferenzräume.

Vielen Gaststättenbesuchern war sicher nicht bewußt, daß sie im Gebäudeteil der Volkskammer gastronomisch bedient wurden. Die drei Gaststätten waren räumlich zu vereinen, aber auch einzeln zu nutzen. Diese Konstruktion machte es möglich, daß durch eine Trennwand im Palastrestaurant ein separater Raum für die Mittagsversorgung der Abgeordneten entstand, den sie über zwei Fahrstühle oder Innentreppen erreichen konnten. Der andere Gaststättenbereich blieb weiter für die Besucher des Palastes geöffnet.

Herbert Kelle

Einige Interna zur Arbeit der Volkskammer

Ich war über 27 Jahre für die Arbeit der Volkskammer verantwortlich, und zwar als Leiter des Apparates, das ist vergleichbar mit dem Direktor des Bundestags. Mit dem Palast der Republik, genauer, mit der Volkskammer war ich eine außerordentlich lange Zeit meines Lebens verbunden. Schon 1963 war geplant worden, einen neuen Plenarsaal zu bauen. In den 70er Jahren tagte die Volkskammer darum öfter in der Kongreßhalle am Alex. Es sollte an einer markanten Stelle ein Gebäude errichtet werden, welches sowohl politische als auch kulturelle Funktionen erfüllen konnte. Ich brachte meine Erfahrung aus der internationalen Parlamentstätigkeit ein und arbeitete mit den leitenden Architekten zusammen, denn wir hatten Verbindungen mit über 100 Parlamenten in aller Welt. Ich war Mitglied der Vereinigung der Generalsekretäre der Parlamente der Welt und viele Jahre dort im Vorstand.

Zwischen den beiden deutschen Parlamenten gab es, systembedingt, natürlich nicht gleich eine freundschaftliche Verhaltensweise, aber auch zu keiner Zeit eine Unterbrechung der Beziehungen. Im Gegenteil, im Laufe der Jahre entwickelte sich eine normale Zusammenarbeit, die sich oft in sehr persönlichen und offenen Gesprächen fortsetzte, da bestanden keine Berührungsängste. Auch in den Zeiten des Kalten Krieges, trotz aller Querelen und politischen Schwierigkeiten, fand zwischen den beiden Parlamentsverwaltungen immer einen Austausch der Protokolle, Gesetzesvorlagen usw. statt, und das lückenlos.

Einige Interna zur Arbeit eines Volkskammerabgeordneten: Der Abgeordnete verblieb in seinem herkömmlichen Beruf. Weil er aber viel Zeit für seine politische Arbeit aufwenden mußte, und das nicht nur für seine vier Plenartagungen im Jahr, sondern hauptsächlich für Fraktions-, Ausschuß- und Wahlkreisarbeit, worunter natürlich die eigentliche Arbeit litt, bekam er immer sein volles Gehalt, damit ihm aus seiner politischen Arbeit kein materieller Nachteil erwuchs. Für zusätzliche Unkosten wie Reisen, Informationsbeschaffung usw. gab es eine Aufwandsentschädigung, die zuerst 500 Mark betrug und Anfang der 80er Jahre auf 1000 Mark erhöht wurde. Davon allerdings erhielt der jeweilige Abgeordnete in der Regel nur die Hälfte, die andere erhielt seine Fraktion. Das war noch ein Relikt aus der Arbeiterbewegung vor 1933, als man die Mittel für alle Auslagen der Fraktion brauchte. Diese Tradition ist von allen übernommen worden, außer von der FDJ, die stellte ihren jungen Abgeordneten die volle Summe zur Verfügung. Diese Fraktionsgelder sind übrigens nach der Wende für gemeinnützige Zwecke verwendet worden.

Zusammen mit der neuen Volkskammer wurde ein Zentrum für Kultur und Bildung geschaffen. Damit hängt auch zusammen, daß man in der Volkskammer eine außerordentlich interessante Gemäldesammlung installierte. Jeder Bezirk wurde aufgefordert, einen Saal zu gestalten. Es wurden bewußt viele Landschaftsbilder gehängt, was natürlich auch nicht unpolitisch war: Das Gemälde einer großen Staumauer wurde als die Beherrschung der Natur durch den Menschen interpretiert, daneben hing übrigens ein Bild der luftverpestenden Schornsteine von Leuna, und das war durchaus so gewollt. In der gesamten Volkskammer hing übrigens kein Bild eines verstorbenen oder lebenden Funktionärs der DDR.

Zurück zur Politik: Aus der Volkskammer kam Mitte 1989 die Forderung nach einer Plenartagung, auf der die

Partei- und Staatsführung Rechenschaft über die politische Situation ablegen sollte. Diese Tagung, die brennend anstand, ist nicht zustande gekommen, weil angeblich kein Tagungsgegenstand vorhanden war. Auf Druck von Abgeordneten, insbesondere der FDJ-Fraktion, kam diese Tagung leider erst im Oktober 1989 zustande, und sie ging äußerst heftig vonstatten. Es war ein bis dahin unvorstellbarer Ausbruch von Demokratie. Die Leute wollten einfach wissen, wie es um ihr Land und um den Sozialismus stand, den wollte man allgemein gerettet sehen, aber es sollte ein anderer Sozialismus werden, ein demokratischer. Dank der sachlichen Leitung der Plenartagungen durch den neuen Präsidenten Dr. Günther Maleuda (DBD) fand die Volkskammer ihre Verantwortung in Würde wieder. Eine deutsche Einheit stand damals nicht zur Debatte. Es kam zu den bekannten Vorfällen in der Volkskammer, Abwahl der Regierung usw. Das war ein sehr schmerzlicher Prozeß, da es ja oft Leute betraf, die ihr Leben lang aus Überzeugung für eine gute Sache gekämpft hatten.

Auch Erich Honecker ist vielleicht viel verkannt worden, aber das geht wohl Leuten so, die Macht haben. Er war nach meinen Eindrücken ein außerordentlich fleißiger Mensch, der jedoch von seiner Ausbildung in der Jugend und als FDJ-Funktionär stark geprägt war, es fehlte ihm sicher ein musisches Empfinden, er war ein ganz strenger Arbeiter und in der Lage, sehr schnell zu erfassen, was richtig und was falsch war. Er überschätzte vielleicht sich und sein Land, aber daran ist wohl die deutsche Besserwisserei schuld, das hat sich ja bis heute nicht geändert, und die beiden deutschen Staaten waren immer die Musterschüler ihrer Systeme.

Wie gesagt, die Wende war schmerzlich, man hätte sich etwas überlegtere Handlungen gewünscht, aber alles versank im Chaos. Natürlich war der Drang zur Einheit Deutschlands nicht aufzuhalten, das war eine historische Notwendigkeit. Aber alle Beteiligten sagten

»Leunawerke« von Wilhelm Schmied

damals, es müsse einen Prozeß des Zusammenwachsens geben, eine kooperative Entwicklung über einige Jahre hinweg. Auch bei den letzten Verhandlungen im März 1990 in Moskau war klar, daß der Prozeß der Vereinigung Schritt für Schritt geregelt werden sollte, vernünftig, sachlich und überzeugend, eben zusammenwachsen.

Realistisch gesehen geschah der Zusammenschluß nicht durch die Vier-plus-zwei-Gespräche oder den Einigungsvertrag, sondern er geschah am 1. Juli 1990 mit der Einführung einer einheitlichen Währung. Die Spaltung Deutschlands hatte auch mit der Spaltung der deutschen Währung begonnen, und die Einheit begann, als die Spaltung der Währung überwunden war. Das war der staatsrechtliche Vollzug. Alles andere war politisches Beiwerk, wie eine Garnierung beim Essen.

Noch ein Wort zur Volkskammer. In der DDR gab es vor diesem Hause nie eine Bannmeile, außer der Absperrung eines Bürgersteiges, um den freien Zugang für die Abgeordneten zu gewährleisten. Auch während der Sit-

zungen fanden im übrigen Palast Veranstaltungen statt. Weihnachten ohne den berühmten Clown Ferdinand im Großen Saal war für die Kinder unvorstellbar. Ein Verbot dieser Attraktion ist niemals erwogen worden. Die Proben für das Theater im Palast sind dann später untersagt worden, weil der Lärmpegel doch zu Störungen der Volkskammerarbeit führte. Sonst gab es keine Behinderungen, und unmittelbar nach Ende der Sitzungen wurden wieder alle Räume für jedermann geöffnet. Dieser heutige Sicherheitswahn wurde in unserem Hause nicht praktiziert. Westliche Parlamentarier und andere Politiker waren mehr als erstaunt, daß die Volkskammer ringsum verglast war und praktisch jeder hineinschauen konnte, aber es entstanden wirklich niemals Probleme. Die entstanden erst nach der Wende, als Frau Bergmann-Pohl (CDU) Präsidentin geworden war und sofort eine Bannmeile verordnete. Darüber hat sich der Pfarrer von gegenüber sehr aufgeregt, denn so etwas hätte es unter Honecker nicht gegeben, daß aufgrund der parlamentarischen Arbeit kein Gottesdienst durchgeführt werden konnte. Es ist schon erstaunlich, was diese Frau Präsidentin alles verfügte, bis zur Verlegung der Plenarsitzungen und Büros in das Gebäude des ZK der SED, welches total asbestverseuchte Säle hatte, und was den Todesstoß für den Palast der Republik bedeutete.

Ich befinde mich heute im beruflichen Ruhestand, bin aber gesellschaftlich noch sehr aktiv, so gehöre ich z. B. zur Vereinigung linker Juristen. Ich übe Solidarität, bewege mich nach wie vor auf internationaler Ebene und schreibe auch ein bißchen, was bei so einem ausgefüllten politischen Leben sicherlich nicht von Nachteil sein kann.

Birgit Jank

Beethoven-Skandal

Als achtzehnjährige Studentin der Berliner Humboldt-Universität unternahm ich Mitte der siebziger Jahre mit anderen oft den Fünfminutenfußweg von der Uni Unter den Linden bis zum Palast, um dort einen Kaffee zu trinken und zu schwatzen oder auch zu besonderen Anlässen (z.B. nach Bestehen eines Klaviervorspiels oder einer Prüfung) in der Weinstube an der Spreeseite einen gemütlichen Abend zu verbringen. Dies war auch für Studenten erschwinglich.

Im Großen Saal habe ich mit Freunden begeistert Rockkonzerte (Von »Rock für den Frieden« bis Udo Lindenberg) bejubelt, aber auch hingebungsvoll klassischen Sinfoniekonzerten gelauscht. Der Große Saal veränderte hierbei immer wieder sein Aussehen und seine Akustik, und man hatte das Gefühl, ständig in einem anderen Konzertsaal zu sitzen.

Mitte der achtziger Jahre dann moderierte ich im Foyer des Palastes im Rahmen von »Jugend im Palast« musikalische Veranstaltungen, u. a. mit dem Percussionisten Herman Naehring und Musikern vom Berliner Sinfonieorchester, in denen wir auch mit jugendlichen Besuchern in ein zwangloses Gespräch kamen. Durch Auftritte mit dem Chor der Humboldt-Universität und als Betreuerin beim Festival des Politischen Liedes lernte ich auch die Garderoben und Foyers hinter der großen Bühne kennen und war von der allgegenwärtigen Technik und Modernität angetan. Abhöranlagen kamen mir damals nicht in den Sinn. Man befand sich im Palast, einem Wahrzeichen Berlins.

An ein Ereignis kann ich mich sehr gut erinnern, obwohl es nun schon 20 Jahre zurückliegt: an den Beethoven-Skandal im Plenarsaal der Volkskammer.

Damals war ich Musikstudentin im 2. Studienjahr, und Musikwissenschaftler unseres Institutes suchten Studentinnen und Studenten, die bei der Vorbereitung und organisatorischen Durchführung der Beethoven-Ehrung 1977 als Helfer mitwirken wollten. Da ich hierin eine gute Möglichkeit sah, neben renommierten DDR-Künstlern und Musikwissenschaftlern auch international angesehene Forscher zu erleben, bewarb ich mich beim Komponistenverband um diese Aufgabe und stellte einen Freistellungsantrag an unsere Studienberaterin.

Überrascht war ich, als ich erfuhr, daß der internationale Beethoven-Kongreß vom 20.–23. März 1977 im Plenarsaal der Volkskammer des Palastes stattfinden sollte. Meine erste Teilnahme an einem musikwissenschaftlichen Kongreß überhaupt war auch aus diesem Grunde etwas Besonderes. Was machte es da schon, daß im Vorfeld der Tagung viel Arbeit zu bewältigen war wie Kongreßmappen sortieren, Fahrkarten besorgen und Namensschilder malen.

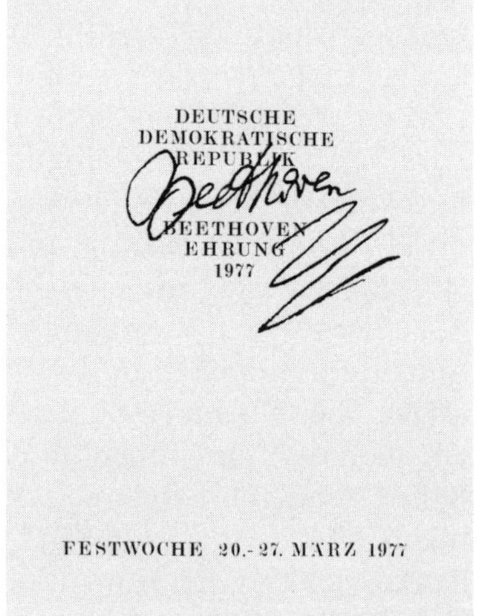

Der Plenarsaal enttäuschte mich. Er war viel kleiner als der, den ich aus dem Fernsehen kannte. Man saß in gelben Sesseln, und durch jede Sessellehne drang aus der eingebauten Klimaanlage angenehm kühle Luft.

Bei der Eröffnungsveranstaltung war ich ziemlich aufgeregt und setzte mich in die letzte Reihe, um alles gut überblicken zu können. Die organisatorischen Arbeiten waren zumeist erledigt, und das übrige koordinierten wir rasch in den Pausen zwischen den Referaten und Workshops, um möglichst viel von dem Gesagten und Diskutierten mitzubekommen. Ein halbes Jahr später konnten wir dann auf der Grundlage unserer Mitschriften an der Humboldt-Universität eine wissenschaftliche Studentenkonferenz zum Werk und Schaffen Beethovens durchführen.

Mit großem Eifer lauschte also auch ich den Referaten solch anerkannter Musikwissenschaftler wie Maynard Solomon und Nathan Fischman (USA), Jurij Cholapow (UdSSR), Sofia Lissa (Polen), Diether de la Motte, Sieghard Brandenburg und Hans-Heinrich Eggebrecht (BRD) und neben vielen anderen den DDR-Forschern Christian Kaden, Harry Goldschmidt, Georg Knepler, Peter Gülke, Frank Schneider und Günther Meyer.

Insbesondere die Amerikaner bezogen sich in ihren Analysen und Wertungen immer wieder auf die Skizzen und Konversationshefte Beethovens, die er während seiner Ertaubung geschrieben hatte. Als Zuhörerin bekam man so langsam den Eindruck, daß nun doch wohl alles zu Beethovens Werk und Schaffen gesagt sei und keine großen Dispute mehr folgen würden.

Am dritten Tag betraten zwei junge Musikwissenschaftlerinnen aus Berlin das Podium, die ich vom Sehen aus der Musikbibliothek kannte. Ich erkundigte mich bei meiner Nachbarin nach ihren Namen und erfuhr, daß diese beiden, eher unscheinbar wirkenden jungen Damen Frau Herre und Frau Beck hießen und als wissenschaftliche Mitarbeiterinnen des Berliner Instituts für Musikwissenschaft der Humboldt-Uni ausschließlich Quellenforschungen in der Musikabteilung der Staatsbibliothek Unter den Linden betreiben würden. Mit zurückhaltender Stimme begannen beide im Wechsel mit ihren Ausführungen. Im Plenarsaal wurde es plötzlich sehr still, denn viele waren von den präsentierten Forschungsergebnissen geschockt. Durch akribische Schriftuntersuchungen der originalen Konversationshefte und der Skizzen Beethovens, die die Forscherinnen in Zusammenarbeit mit der Sektion Kriminalistik der Humboldt-Universität durchgeführt hatten, konnten sie eindeutig beweisen, daß umfangreiche Passagen dieser in der Beethoven-Forschung und auch auf diesem Kongreß immer wieder benutzten Quellentexte durch den Beethoven-Biographen Schindler gefälscht und umgeschrieben worden waren. Demzufolge waren also auch viele der für mich so sicher klingenden Analysen zu Beethovens Werk auf dem Kongreß schlichtweg falsch.

Nach einigen Sekunden Stille ging als erster ein englischer Musikwissenschaftler zum Podium und gratulierte den beiden Frauen zu ihrem sensationellen Erfolg, vergaß aber nicht zu erwähnen, daß er auch schon seit einiger Zeit den Verdacht von Fälschungen gehabt hätte – aber er komme nun zu spät. Einige Redner äußerten sich daraufhin ähnlich.

Ich begriff hier wohl zum erstenmal, daß auch noch so sicher erscheinende Resultate von Geschichtsforschungen angreifbar und widerlegbar sind und daß es nicht immer die großen anerkannten Forscher sein müssen, die so etwas ins Rollen bringen können. Ein wenig war ich wohl auch stolz auf diese beiden Musikwissenschaftlerinnen aus meinem Institut, denen nach langer mühevoller Recherche nun ein wissenschaftlicher Durchbruch gelungen war. Und dies alles hat sich zugetragen im Plenarsaal der DDR-Volkskammer hinter den gläsernen Wänden des Palastes der Republik.

Coni Knöfel

Die Besetzung

Geboren und aufgewachsen bin ich in Ost-Berlin, und den Palast der Republik habe ich als Jugendliche 1977 zum ersten Mal besucht. Meine Eltern hat das Gebäude überhaupt nicht interessiert, aber wir Jugendliche fanden die schicke Disko natürlich toll, und der Große Saal war auch spannend, weil dort manchmal Westgruppen auftraten, die man sonst nie zu sehen kriegte. Allerdings bin ich nie an Karten herangekommen, weil die meist über Betriebe und Partei vergeben wurden und das stundenlange Anstehen nicht mein Ding war. Dann gab es noch den Schwarzmarkt, aber für eine Karte von Santana wurden damals 300 Mark verlangt! Dieses Niveau war normal, für eine »echte« Westplatte mußte man auch 100 bis 120 Mark auf den Tisch legen. Das hatte Kultstatus, dafür gab man einen Haufen Geld aus, speziell für Livemitschnitte, Schwarzdrucke usw.

Meines familiären Hintergrunds wegen hatte ich wenig Chancen, durch Beziehungen Vorteile zu erlangen. Meine Eltern waren streng katholisch, was in der DDR schon fast eine Absurdität war, und ich habe mich allen Massenorganisationen aktiv verweigert.

Richtig kennengelernt habe ich den Palast erst nach der Wende, im Frühjahr 1990, da haben wir ihn sozusagen besetzt. Es entstand ja sofort eine Diskussion, was mit ihm geschehen sollte, und das Gerücht der Asbestverseuchung verbreitete sich rasant, noch bevor das amtlich verkündet wurde.

Dazu kam auch das Klima in Ost-Berlin, das Häuserbesetzen wurde zur Modeerscheinung, alle wollten noch ihr Schäfchen ins trockene bringen. Man hatte wirklich Angst, daß uns die BRD überrollt, und die einzige Frage war, wie teuer die DDR verscherbelt wird. Alternativen gab es überhaupt nicht. Einige Leute vom Verein Bildender Künstler, die wohl etwas Zeit schinden wollten, haben dann eine Demo organisiert. Das war die einzige, an der ich je teilgenommen habe, und daraus folgte diese Palastbesetzung, um zu zeigen, daß das auch ein Haus für Kunstschaffende war. Viele sahen ihre Felle davonschwimmen, ihre Arbeitsmöglichkeiten massiv bedroht.

Wir haben dann mit Plakaten und Transparenten auf die Besetzung und ihre Hintergründe aufmerksam gemacht, und es sind viele spontane Aktionen gelaufen. Das Personal hat uns überraschenderweise unterstützt. Es herrschte ein erstaunlich euphorisches Gefühl in den Köpfen der Leute, vielleicht aus dem »Wir sind das Volk«-Denken. Es gab überhaupt keine Aggressivität, wie man das von manchen anderen Besetzungen kannte. Ich fand die ganze Idee total toll und habe ernsthaft geglaubt, daß man die Sache in die Hand nehmen und das Haus neu nutzen könnte, es enthält ja wirklich unglaubliche Ressourcen.

Leider ist das ja alles im Sande verlaufen, und die Kommerzialisierung hat gewonnen wie auch im Scheunenviertel oder beim Tacheles.

Als der Palast gebaut wurde, hat niemand die Bürger der DDR dazu befragt, und es waren wirklich sehr viele dagegen, die das als unnötige Geldausgabe betrachtet hatten. Jetzt wäre es doch vielleicht an der Zeit, die Berliner an der Entscheidung teilhaben zu lassen. Ich wünschte mir eine riesengroße Zukunftswerkstatt mit möglichst breiter Beteiligung aller Interessierten und Betroffenen, die ihrer Phantasie zum Thema Palast freien Lauf lassen können.

Chronik der Veranstaltungen

Politische Ereignisse

IX. bis XI. Parteitag der SED ('76, '81, '86)
X. bis XII. Parlament der FDJ ('76)
9. bis 11. FDGB-Kongreß ('77)
67. Interparlamentarische Konferenz ('80)
Internationale wiss. Konferenz
»Karl Marx und unsere Zeit – der Kampf um Frieden und sozialen Fortschritt« ('83)
Festival des Politischen Liedes ('77, '80 bis'88)

Unterhaltungsveranstaltungen im Großen Saal

Olympiabälle ('76, '80, '88)
»Lachen und lachen lassen« ('76 bis '89)
DT-64-Jugendkonzerte ('76 bis '85)
Weihnachtsmärchen ('76 bis '89)
Sonderkonzerte zum Jahresende (Beethovens IX. Sinfonie; '76 bis '89)
»Ein Kessel Buntes« ('77 bis '89)
Palastbälle ('77, '80 bis '88)
Neujahrskonzerte ('78 bis '81)
Letztes Bauarbeiter Konzert im Palast (24. März '78)
Brasil Tropical ('78, '81, '84)
Tage der Volkskunst der Bezirke ('78 bis '81, '83 bis '86, '88, '89)
Johann-Strauß-Abende ('78 bis '89)
Festprogramm zum 30. Jahrestag der DDR ('79)
Festkonzert aus Anlaß des 30jährigen Bestehens des Berliner-Sinfonie-Orchesters (3. Januar '82)
»Rock für den Frieden« (erstmals '82)
Gastspiel des »Shizuoka-Kinderchors« aus Japan (5. April '82)
Gala-Konzerte mit Katja Ebstein ('82, '83, '85)
»Spaß muß sein« (erstmals '82)

»Helga wie sie leibt und lebt« (Hahnemann-Revue; 5.–10. August '83)
»Rote Sterne im Mai« – III. Festival des künstlerischen Volksschaffens sozialistischer Länder ('85)

Glenn-Miller-Revial-Orchester (1.–3. Juli '86)
The Pasadena Roof Orchestra (28.–31. Juli '86)
Chris Barber im Konzert (2. und 3. Oktober '86)
Gastspiel Angelo Branduardi (11. und 12. Oktober '86)
Solidaritätskonzert 40 Jahre UNICEF (9. November '86)
Mireille Mathieu im Konzert (20. und 21. August '87)
James Last im Konzert (22.–24. August '87)
Gershwin-Konzert (26.–29. August '87)
Palastball 750 Jahre Berlin (4.–6. September '87)
Solidaritätskonzert (14. November '87)
Milva im Konzert (30. und 31. Oktober '88)
Solidaritätskonzert für Armenien (18. Dezember '88)
Erste Allgemeine Verunsicherung (25. und 26 Januar '89)
Canto General – Poem für Tänzer
(Uraufführung zum Pfingsttreffen der FDJ; '89)
Fest des Liedes (14. April–1. Mai '90)
Internationale Modegala im Palast (12. und 13. Mai '90)
Joan Baez im Konzert (3. Juni '90)
»Berliner Weiße mit Schwung« (26. August '90)
(Letzte Veranstaltung im Großen Saal)

Außerdem gab es regelmäßig Veranstaltungen im Theater im Palast, im Jugendtreff und Foyer.

Nach der Schließung

Rudolf Ellereit

93 Prozent Kultur

Der Palast steht jetzt seit über sechs Jahren leer, und wenn ein Gebäude längere Zeit leer steht, dann zerfällt es. Die Bremse gegen den schnellen Zerfall war, daß Strom zur Verfügung stand und daß notwendigste technische Wartungen durchgeführt wurden. Seit diese Wartungen aufhörten und der Feuerschutz nicht mehr besteht, der ja auch vom Strom abhängig ist, und nachdem die Temperatur auf fünf Grad gedrosselt wurde, um nur die allerschlimmsten Frostschäden zu vermeiden, seitdem besteht die Gefahr, daß dieser Palast der Republik ein gläserner Sarg wird.

Inzwischen sind einige Scheiben bereits zertrümmert, der Wachschutz ist auf ein Minimum eingeschränkt worden, der Weg zu weiteren Zerstörungen ist damit frei. So erledigt sich das Thema Palast von alleine.

Die Bürgerinitiative »Pro Palast« ringt seit Frühjahr 1993 um eine sanfte Asbestsanierung, wie es zum Beispiel beim ICC im Westteil der Stadt geschah. Dies wäre auch die Voraussetzung, um den funktionstüchtigen Palast der Republik wieder für die Öffentlichkeit zugänglich zu machen.

Bundesminister Töpfer hat 1995 eine europaweite Ausschreibung zur Asbestsanierung durchführen lassen. Die Berliner Firma Tepasse erhielt den Auftrag, die Sanierung zu planen. Hierbei fand sie heraus, daß die Entfernung des Asbestes und eine sofortige Wiedereröffnung des Gebäudes 102 Millionen Mark, also weniger kosten würde als der Totalabriß (150 Millionen). Warum geht es nicht los? Der Haushaltsausschuß des Bundestages hat die Freigabe der Sanierungsmittel zu Recht vom Vorhandensein eines Nutzungskonzeptes, und zwar nicht nur für das Gebäude, sondern für das gesamte Schloßplatzareal, abhängig gemacht. Inzwischen sind Jahre vergangen, aber das zuständige Bundesbauministerium ist dem Parlament gegenüber eine Nutzungskonzeption schuldig geblieben. Auch 83 870 Unterschriften von Bürgern unseres Landes zum Erhalt des Palastes, die seit 1996 dem Petitionsausschuß des Bundestages als Ausdruck des Willens der Bürger vorliegen, haben bis Anfang 1997 noch nichts bewirken können. Man kann auf den Gedanken kommen, daß es fehlende Toleranz und politischer Wille ist, wenn nichts geschieht.

Der Mythos, der Palast sei ein Ort für Privilegierte gewesen, entspricht nicht der Realität, so ein Vorurteil entsteht aus Unkenntnis. Fest steht, daß der weitaus größte Teil des Palastes für kulturelle Zwecke zur Verfügung stand, um in Zahlen zu sprechen, 93 Prozent seiner Öffnungszeit. Gut, im Laufe von acht Jahren haben zwei Parteitage der SED dort stattgefunden, aber es war für jeden Bürger ein offenes Haus, und es ist angenommen worden. Auch die Preise entsprachen den Lebenshaltungskosten. Ich war zum Beispiel zweimal auf Palastbällen, bezahlte 10 Mark für eine Karte und hatte dafür Zugang zu allen 5 Etagen, und überall gab es künstlerische Darbietungen. Für die Karten habe ich Schlange gestanden, es gab nur vier Stück pro Person, die Nachfrage war riesengroß. Es stimmt, daß Kontingente an Betriebe abgegeben wurden, und da ist natürlich versucht worden, ein wenig zu steuern, aber auch diese Karten mußten bezahlt werden.

Übrigens wäre es in kürzester Zeit möglich, den am wenigsten asbestbelasteten Teil, das große Foyer, zugänglich zu machen. So könnten sich alle Bürger, auch die Westbürger, mal einen persönlichen Eindruck verschaffen. Aus diesem und anderen Gründen wird die Bürgerinitiative nicht aufhören, um den Palast der Republik zu kämpfen.

Claus Mischon

Friede den Hütten, Krieg den Palästen!

Es sieht aus, als hätte man Georg Büchners Hessischen Landboten gelesen: »Friede den Hütten, Krieg den Palästen!« Der Palast der Republik hat ihn nicht, seinen Frieden.

Woran mag es liegen?

An der Ästhetik, könnte man meinen. An ihr erhitzten und erhitzen sich die Gemüter. Aber, mal ehrlich, die Ästhetik kann es im Grunde nicht sein; das ist eine Geschmacksfrage. Der Berliner Dom, gleich gegenüber dem Palast, der hat doch auch seinen Frieden.

An der Geschichte könnte es liegen. Immer wieder wird auf ihr Recht verwiesen. Das Recht der Geschichte wird als Argument gegen den Palast der Republik eingefordert.

Das Schloß müsse wieder her, auch als architektonische Wiedergutmachung. Aber, Hand aufs Herz, das kann der wahre Grund nicht sein, zumal es Vorschläge zur baulichen Integration von Palast und Schloß zur Genüge gibt. Und es ist eine Binsenweisheit, Geschichte wiederholt sich nicht. Das ist ein alter (grüner) Hut. Jeder Aufbau ist ein Neuaufbau. Nichts kommt wirklich wieder, auch das Schloß nicht, das liegt in der Logik der Sache. 1989 ist nicht 1949, ist nicht 1918, ist nicht 1538. Wer's anders behauptet, der kann einfach nicht rechnen.

Und den Asbest hatte der Silberbau im Westen (ICC) 1990 doch auch.

Liegt es denn vielleicht am Namen? Und da sage ich: Ja! Ja, es liegt am Namen. Der Palast der Republik hat seinen Frieden nicht, weil er diesen Namen trägt: Palast.

Hier liegt der Hund begraben. Schaut man zurück und dem Volk aufs Maul, wird es klar, es geht um den Namen: Palazzo Prozzo, das ist der Ballast der Republik. Namen sind eben nicht Schall und Rauch. Das hätte man wissen müssen, 1975. Wäre das Ding, wie viele Straßen, sozialistisch adäquat benannt worden (z. B. »Stätte der Begegnung Karl Liebknecht«), ich wette, nie wäre der Palastkrieg entstanden. Es hätte nach einigen Debatten und Protesten (vielleicht 1993) eine amtliche Umbenennung stattgefunden, und fertig wär' die Laube gewesen. Es war sozusagen ein Fehler im System, den Namen »Palast« zu wählen. Es war ein Systemfehler, einen Begriff aus dem feudalistischen Überbau zu übernehmen. Das war eine echte feudale Übersprungshandlung.

Das wurmt, wenn einem die Begriffe geklaut werden. Sprachverwirrung ist die nachhaltigste Verwirrung. Denn das ist doch klar, Paläste gehörten und gehören in den Zuständigkeitsbereich des Westens. Das sehen wir heute jeden Tag.

Und noch was. Der Palast der Republik verstößt auch eklatant gegen die Definition eines Palastes. Denn das zentrale Nachschlageorgan aus Gütersloh, das Bertelsmann Volkslexikon, sagt in seiner Ausgabe von 1975 klipp und klar: »Palast (von mhd. Palas), schloßähnliches Wohn- oder Amtsgebäude, meist mit großen Innenhöfen.« Nichts davon traf und trifft auf Erichs Lampenladen zu.

Knut Holm

Erklärung

Ich, Knut Holm, geboren am 25. Februar 1928 in Berlin-Neukölln, gestehe, freiwillig und ohne von jemandem dazu genötigt worden zu sein, mich im Mai 1993 für die Wache am Palast der Republik im Stadtbezirk Berlin-Mitte habe anwerben zu lassen, ohne daß mir dafür Sold oder Vergünstigungen versprochen worden waren.

Ich habe mich nach meiner persönlichen Erinnerung während der Zeit, da das Land an der Spree als DDR in die Landkarten eingetragen war, sehr oft und immer aus völlig freien Stücken, zweimal auf Grund offizieller Anlässe und einmal mit kanadischen Gästen, die ich zu meinen Freunden zähle, im Palast der Republik aufgehalten. Die Besuche galten Einladungen zu familiären Treffen, wie Jugendweihefeiern, die sehr vergnügt verliefen, zwei Treffen mit internationalen Gästen, einem Sporthistoriker aus der damaligen BRD und einem Journalisten der führenden und prominentesten britischen Zeitung, den ich wie den Historiker zum Mittagessen eingeladen hatte. Beide nahmen keinen Anstoß am Ort unserer gemeinsamen Mahlzeit. Dazu kam ein Besuch im Jugendtreff, wohin man mich zu einem Kegelabend eingeladen hatte. Zwei mehr offizielle Anlässe betrafen die Friedensfahrt, zu der ich als Schiedsrichter eingeladen war und im Palast die Auslosung für die erste Etappe – beide Male ein Einzelzeitfahren in der Karl-Marx-Allee – vorgenommen hatte. Einmal nahmen nach meiner Erinnerung neunzehn Mannschaftsleiter und beim zweiten Mal einundzwanzig teil. Anwesend waren Vertreter der USA, Frankreichs, Großbritanniens und der UdSSR, ebenso der Bundesrepublik Deutschland. Die anderen von mir als »offizielle Anlässe« bezeichneten Besuche resultierten aus Einladungen, die mich nach Olympischen Spielen erreicht hatten. Einmal saß ich mit Marlies Göhr, einer nicht sehr gesprächigen, aber blitzschnellen Sprinterin aus Jena am Tisch und beim anderen Mal mit einem Radsporttrainer, der heute im Ausland erfolgreich tätig ist und durch die Nennung seines Namens möglicherweise Nachteile zu befürchten hätte.

Der Besuch des Kanadiers, Professor der Universität Toronto – die Stadt liegt so weit entfernt, daß ich darauf setze, nicht einmal der BND macht sich die Mühe, ihm nachzuspüren, zumal in der kanadischen Stadt meines Wissens fünf Universitäten existieren –, und seiner Frau datiert vom Frühjahr 1990. Ich besuchte mit ihnen auf ihren eigenen Wunsch die Volkskammer und machte sie im Kasino mit Hans Modrow bekannt.

Im Frühjahr 1993 traf ich in der Buchhandlung Spandauer Straße einen alten Freund, der mich musterte, nach meinem Gewicht fragte und mir vorschlug, mich bei der Palastwache zu melden. Ich wußte nicht, was er damit meinte, ließ mir aber erklären, daß sich die Mitglieder dieses freiwilligen und von niemandem bezahlten »Wachkommandos« jeden Sonnabendnachmittag an der Spreeseite des Palastes der Republik trafen und sich dort zur Erhaltung des Bauwerkes bekannten. Die ersten beiden Male, da ich den Sonnabendnachmittag diesem Vorhaben opferte, beschränkte sich mein Einsatz darauf, interessierten Touristen in verschiedenen Sprachen die Entstehung des Palastes zu erläutern und ihnen zu erklären, warum ein Abriß des Bauwerks kaum ernsthaft begründet werden könne. Es waren sachliche Unterhaltungen, in deren Verlauf Meinungen ausgetauscht wurden.

Dann wurde auf dem Marx-Engels-Platz die Schloßattrappe errichtet, und die Zusammensetzung der Besucher änderte sich. Schloßfans – so will ich die Kategorie von Besuchern behutsam nennen – wurden von der Stoffassade animiert, ein neues Schloß zu fordern, ohne einen Pfennig dafür zahlen zu müssen. Anschließend bummelten sie in der Regel um den Palast zur Spreeseite, wo sie auf die »Wache« stießen, die auf einer Liste Unterschriften für den Erhalt des Palastes der Republik sammelte. Viele gerieten in Gewissenskonflikte, wie sie ihre eben für das Schloß geleistete Unterschrift mit einem Votum für den Palast vereinbaren könnten. Denn es gab Argumente für den Palast, die sie akzeptierten. Einige – ich betone: einige –, die den Abriß des Palastes wohl für eine längst beschlossene Sache hielten, reagierten aggressiv, legten ihrem Benehmen keinerlei Zügel an und nannten uns mit Vorliebe »Betonköppe«.

Ein schnauzbärtiger West-Berliner, der angetrunken zur Spreeseite kam und von einer älteren Frau gefragt wurde, ob er bereit sei, sich in die Liste für den Erhalt des Palastes einzutragen, schimpfte die unbescholtene Frau »rote Sauhure«. Ich mühte mich vergeblich, ihm zu erklären, daß persönliche Beleidigungen keine Argumente seien, und forderte ihn dann mit einer zugegebenermaßen unmißverständlichen Geste auf, sich zu entschuldigen. Da ich 1,91 m groß und 114 Kilogramm schwer bin, verzichtete er auf weitere Debatten, entschuldigte sich in aller Form, nannte uns alle – sogar mich – »Bruder und Schwester« und sucht das Weite.

Ein anderer Fall lag ähnlich, nur daß der Betroffene den Begriff »rote Sau« gewählt und einen Mann auf diese Weise beschimpft hatte. Ich fragte ihn, was er wohl empfinden würde, wenn jemand seinen Vater so titulierte. Dabei ballte ich meine Faust. Er sah sein nicht vertretbares Benehmen ein, spendierte dem durch ihn Beleidigten eine Büchse Bier, die er von einer der Schloßbuden geholt hatte, und schied fast als Freund von ihm. Im dritten Fall hatte ein Unbekannter behauptet, man habe versäumt, uns alle zu vergasen. Meine Frage, ob er des Schwimmens kundig sei, beantwortete er zunächst höhnisch mit »nein«, wurde aber nachdenklich, als ich andeutete, daß seine Morddrohung mit einem unfreiwilligen Bad in der Spree enden könne. Er machte wortlos kehrt, schrie aber von der Spreebrücke, ich sei ein Stasischwein. Da er noch, bevor er das Wort ganz ausgesprochen hatte, loslief und den Bahnhof Hackescher Markt zu gewinnen suchte, verzichtete ich auf die Verfolgung.

Ich erkläre abschließend, daß ich auch weiterhin meinen Dienst in der »Wache« zu versehen gedenke. Ich gebe aber auch zu, während der oft hitzigen Debatten und vor allem durch die Auseinandersetzungen mit jenen ausfällig Gewordenen begriffen zu haben, daß die Mitgliedschaft in der »Wache« zur Verteidigung nicht ausreicht. Weit schwerwiegender war die Erkenntnis, daß viele, die über den Palast reden, so gut wie nichts über ihn wissen. Ich fand, daß es in einer Zeit, da Toleranz und Vernunft über die Maßen gefragt sind, nützlich wäre, Meinungen zu sammeln und auch Erinnerungen – die zu Argumenten werden können.

Jochen Petersdorf

PdR
oder
Gesetzmäßiges

Das hat schon Brecht gesagt:
Daß aus ganz natürlichem Grund –
wie auch immer man sich dazu stellt –
überall auf dem Erdenrund
der Regen von oben nach unten fällt.

Das hat schon Brecht erklärt:
Daß aus ganz ökonomischem Grund –
ohne Rücksicht, was man davon hält –
der Wolf selbst den ärmsten Hund
um den abgenagten Knochen prellt.

Das hat schon Brecht gewußt:
Daß aus ganz politischem Grund
der Sieger, wenn's ihm so gefällt,
mit der Freiheitsphrase im Mund
sein Fuß auf die Brust des Verlierers stellt.

Auch uns wird täglich bewußt:
Wie sinnlos es immer auch ist,
daß vieles ganz klanglos zerschellt,
es wundert nur den, der vergißt,
daß der Regen von oben nach unten fällt.

Lothar Arzt

Stadtrundgang

Kurz nach der Wende wurde ich von einem sehr elitären Klub aus dem Westen gebeten, die Damen dieses Klubs auf einem Stadtrundgang zu begleiten. Nun bin ich gewissermaßen ein Experte der Architektur der DDR, aber da eine dieser Damen bestens Bescheid zu wissen glaubte, vertauschten sich unsere Rollen, und ich wurde zum Zuhörer über mein Spezialthema. So wanderten wir rund um den Alexanderplatz, und niemals war jene Dame um eine Bemerkung zu den besichtigten Gebäuden verlegen.

Als wir nun am Marx-Engels-Denkmal vorbei auf den Palast der Republik zuwanderten, rief diese Dame voller Entzücken: »Wie gut, daß die Mauer gefallen ist, nun können endlich auch im Ostteil Berlins so schöne Gebäude entstehen.« Die anderen Damen schwiegen verlegen, und auch mir hatte es die Sprache verschlagen.

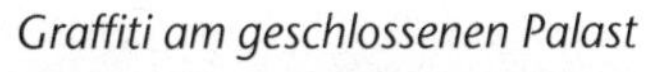
Graffiti am geschlossenen Palast

Katarina Horn

Schließung – und dann ...?

Die Absicht, den Palast der Republik auf dem ehemaligen Marx-Engels-Platz, dem heutigen Schloßplatz, abzureißen und durch einen Neubau zu ersetzen, ist Bestandteil einer kontroversen Diskussion, die am 19. September 1990 mit der Schließung des Palastes ihren Ausgang nahm und bis heute andauert. Sie stellt eine von vielen Positionen dar, in diesem, sich mittlerweile zu einem unerbittlichen Duell verschiedener Interessengruppen entwickelten »Kampf«, welcher sicherlich in die Berliner Geschichte eingehen wird. Es geht dabei um die Entwicklung eines neuen Nutzungskonzeptes für die historische Mitte Berlins. Dabei spielt der heute sehr umstrittene »Palastbau an der Spree« eine entscheidende Rolle.

Dieser mußte 1990 aus gesundheitstechnischen Gründen wegen Asbestverseuchung stillgelegt werden. Beim Bau des Palastes 1976 wurde dessen Stahlbaukonstruktion mit etwa 750 t englischem Asbestzement ummantelt. Die gesundheitliche Gefahr des Asbests als Ursache für die Erkrankung der menschlichen Lunge an Asbestose wurde in den frühen 80er Jahren entdeckt. Nach diesen Erfahrungen war das Weiterbetreiben des Hauses unter den gegebenen Umständen vorerst nicht mehr möglich. Es mußte eine Lösung für dieses Problem gefunden werden.

Diese, als vorläufige Schließung erteilte Maßnahme ist bis zu diesem Zeitpunkt noch verständlich und nachvollziehbar. Doch die anschließende Debatte, in der es eigentlich um das Finden von Lösungen für dieses noch voll funktionstüchtige, aber asbestverseuchte Gebäude gehen sollte, entwickelte sich zu einem Politikum, welches sich weiter hinter bautechnischen und Gesundheitsgefährdungsargumenten versteckte. Eine anfangs objektive Diskussion sah die schnellstmögliche Sanierung des Hauses vor, in der es um die Frage einer behutsamen und kostengünstigen Variante einer Asbestentsorgung ging. Schnell wurde diese aber überschattet von ideologischen Vorbehalten und nahm an Schärfe zu. Die Ursache dafür liegt eindeutig in der Geschichte des Gebäudes, einem Renommierbau der ehemaligen DDR, der damit in manchen Augen als ein augenfälliges Objekt der zunehmenden DDR-Nostalgie gilt, welches als Altlast gesondert zu behandeln ist. Um die Bedeutung dieses Streitobjekts zu verdeutlichen, werde ich im Folgenden etwas näher darauf eingehen.

1950 werden die Überreste des durch den Weltkrieg zerstörten Berliner Stadtschlosses auf Anordnung Walter Ulbrichts gesprengt. Der damit »geebnete« Schloßplatz wird zum Marx-Engels-Platz umbenannt. Nun, von Geschichte gereinigt, soll er einen neuen Charakter bekommen.

Am 20. April 1961 beschließt die Berliner Stadtverordnetenversammlung die erste städtebauliche Planungsgrundlage für die Spreeinsel. Ab Dezember 1972 arbeiten Architekten unter der Anleitung von Prof. Heinz Graffunder an einer Studie für ein Mehrzweckgebäude, welches für Großveranstaltungen und Kongresse konzipiert wird und politische und kulturelle Funktionen integrieren soll. Es soll der Bevölkerung Belehrung und Unterhaltung bieten. Am 27. März 1973 fassen das ZK der SED und der Ministerrat der Republik den Beschluß zum Bau des Palastes der Republik. Die Kosten dieses, für DDR-Maßstäbe, gewaltigen Projektes sind enorm; sie belaufen sich auf über 500 Millionen Mark. Der Volkspalast wird mit einem großen teilbaren Saal ausgestattet, dessen Platzangebot sich von 500 bis zu 5000 Plätzen variieren läßt und der modernste Technik nach westlichem Standard aufweist, die bis heute mit ihren Licht- und Akustikanlagen einzigartig ist; einem Plenarsaal, der als Tagungsort der Volkskammer dienen soll, einem Bowlingzentrum, drei Restaurants, die getrennt und auch gemeinsam nutzbar sind, einem Theater und einem großen Hauptfoyer, das mit einer Bar und einem Café ausgestattet ist. Dieses, als ein »offenes Haus« geplante Bauwerk öffnet am 25. April 1974 seine Türen und ist 15 Jahre lang ein Gebäude, dessen Raum- und Programmangebot in der Tradition der Kultur- und Volkshäuser steht, einer Idee, die aus der Weimarer Republik stammt.

An die Stelle des alten preußischen Schlosses war ein Palast gerückt, der in seiner Multifunktionalität ein Ort der Begegnung war und damit eine wichtige kommunikative Funktion ausübte. Dieses großangelegte Bauwerk ist ringsum verglast, gewährt von innen den Ausblick auf den städtischen Umraum und bei Nacht auch den Einblick von außen. Damit war die Idee eines »durchsichtigen Hauses« mit vielseitigen Blickbeziehungen umgesetzt worden. Der Palast der Republik ist ein wichtiges Zeugnis deutscher Nachkriegsgeschichte und heute als ein achtbares Baudenkmal der DDR-Moderne zu behandeln.

Die Entdeckung der Asbestverseuchung in gerade diesem Gebäude führte dann zu einer Debatte, die in ihrem Verlauf ganz unterschiedliche Standpunkte und Interessen zutage treten ließ. Die Gespräche dazu und die Beratung über künftige Nutzungskonzepte für den Schloßplatz finden in einem gemeinsamen Ausschuß statt, in dem der Berliner Senat und die Bundesregierung vertreten sind.

1992 entwickelte der Architekt des Palastes Graffunder gemeinsam mit Kollegen zwei konkrete Vorschläge zur Erhaltung des Gebäudes durch Neugestaltung. Diese sahen bereits eine Verbindung der von Asbest gereinigten DDR-Architektur mit der historischen Schloßfassade vor. Es war die Idee eines erträglichen Mittelwegs, der der Geschichte gerecht werden sollte. Diese ersten Entwürfe wurden nicht aufgegriffen, und am 23. März 1993 faßten der Berliner Senat und die Bundesregierung gemeinsam zum ersten Mal den Beschluß, den Palast abzureißen, um an dessen Stelle das neue Berliner Außenministerium zu bauen.

Die Gründung der Aktionsbündnisse »Macht den Palast auf!«, »Komitee für Gerechtigkeit«, des Bürgerkomitees »Linke Ecke pro Palast« sowie der Interessengruppe »Vereinigung von Bauindustrieunternehmerverbänden Berlins und Brandenburgs für die Erhaltung des Palastes« verzögerten die voreiligen Abrißpläne.

Im August 1993 wurde ein städtebaulicher Ideenwettbewerb »Spreeinsel« über die Gestaltung des Schloßplatzes ausgeschrieben, bei dem Bundesregierung und Senat den Abriß des Palastes vorgaben.

Es gewann der Vorschlag des Architekten Bernd Niebuhr, dessen Nutzungskonzept vorsieht, an Stelle des Palastes ein Konferenzzentrum für Regierung, Wissenschaft und Wirtschaft entstehen zu lassen, welches außerdem noch Räumlichkeiten für private Büros bieten soll.

Die Diskussion geht weiter: Rettung und Nutzung des Palastes oder Abriß?

Wie geht man mit Monumenten der sozialistischen Zeit um? Sind es erhaltenswerte Denkmäler?

Es wurde aber auch über die verschiedenen Möglichkeiten einer Asbestentsorgung gestritten, wobei das Ingenieurbüro ATD Tepasse GmbH im Dezember 1995 infolge eines europaweiten Auswahlverfahrens mit dem Kostengutachten und der detaillierten Ausführungplanung beauftragt wurde. Zu dieser Option herrschen verschiedene Sichtweisen im beratenden Ausschuß. Zum einen würde eine Asbestbeseitigung die totale Demontage des Palastes bedeuten, nach der sein Wiederaufbau »kaum mehr in Frage käme«. Zum anderen verlangen, Experten der Asbestvereinigung VAA zufolge, neue Methoden der Asbestsanierung nicht mehr unbedingt die vollständige Beseitigung des Asbestes. Daraus ergäben

sich neue Möglichkeiten, die im Beschichten, Penetrieren und Separieren des Asbestes liegen.

Der Haushaltsausschuß der Bundesregierung will die benötigten Gelder zur Deckung dieser Kosten jedoch erst bewilligen, wenn eine akzeptable Nutzungskonzeption der Hauptstadtplaner vorliegt. Es besteht ebenfalls die Überlegung, die Sanierung einem privaten Investor zu überlassen. Die Bedingungen einer solchen Vermietung sind allerdings noch unklar.

Ein weiteres Problem besteht darin, daß der Palast auf einer riesigen Wanne auf dem Grundwasser schwimmt und daher die nach einem Abriß entstehenden Auftriebskräfte die Statik benachbarter Gebäude gefährden würden. Außerdem ist die Ufermauer der Spree ein Teil des Gebäudes.

Dieses gesamte Thema der Berliner Stadtplanung ist natürlich untrennbar mit der Diskussion um den möglichen Wiederaufbau des alten Berliner Hohenzollernschlosses verbunden.

Es prägte einst die historische Stadtmitte Berlins und war in seiner barocken Erscheinung fest im Innenstadtensemble integriert. In der von Schinkel erdachten städtebaulichen Komposition bildete es den Abschluß der Querachse über dem Boulevard Unter den Linden, die am anderen Ende vom Alten Museum begrenzt wurde. Sicher könnte der historische Raum der Spreeinsel mit der Rekonstruktion des Schlosses wiederhergestellt werden. Die Kosten für solch ein Unternehmen lägen bei etwa 15 Milliarden DM. Könnten diese aber überhaupt getragen werden von einem Berlin, dessen Haushaltslage sich momentan in einem angeblich so erschreckend desolaten Zustand befindet? Ich denke nein. Wir können keine Denkmalpflege an Architekturbauten betreiben, die längst nicht mehr stehen.

Trotz der vielen Herrscherwechsel in der Geschichte Berlins hat man selten etwas radikal abreißen lassen, um historische Orte neu zu bebauen. Man gestaltete um, erweiterte, modernisierte. In der DDR ist dieses Prinzip 1950 gebrochen worden, indem vom Staat angeordnet wurde, die Ruine des alten Berliner Schlosses zu sprengen. Man hat damit Geschichte auslöschen wollen. Der gleiche Fehler soll heute wieder begangen werden. Die historisch unerwünschte Substanz des Palastes soll entsorgt werden, um an seiner Stelle einen Neubau, welcher Art auch immer, entstehen zu lassen. Und dies, obwohl es die Möglichkeit gäbe, ihn dem Zeitgeschmack/Empfinden entsprechend behutsam zu verändern, architektonische Veränderungen vorzunehmen, um hierdurch etwas entstehen zu lassen, was nicht nur den momentanen »Herrschern« zugute kommt!

Der Baukörper des Palastes gehört zur deutschen Geschichte. Sein Erhalt und die neue Nutzung würden die Pflege und Bewahrung deutschen Kulturguts bedeuten. Wenn man sich, wie z. B. die Gesellschaft »Historisches Berlin«, für die gesamte Rekonstruktion des Schlosses ausspricht, hätte dieser Neubau hingegen den Abriß des Palastes der Republik zur Folge.

Würde man sich dafür entscheiden, den Palast zu retten, sollte der übrige Freiraum auf dem Schloßplatz, der jetzt einen weiten Blick in der sonst dicht bebauten Innenstadt Berlins gestattet, ebenfalls neu belebt werden. Aber nicht durch Bauwerke, sondern durch seine Begrünung: Ein großer zentraler Park, ausgestattet mit Spielplatz, kleinen Verkaufsbuden, Bänken, einem Cafégarten und einer Freilichtbühne. Im Palast selbst, der sich gut in diese Parkanlage eingliedern sollte, könnte man ein Ausstellungszentrum über den Schloßplatz aufbauen, in dem man Dokumentationsmaterial zum alten Berliner Stadtschloß präsentiert und außerdem über die Volkshaustradition der Jahrhundertwende berichtet. Zum anderen sollte es eine Galerie im Hause geben, die wechselnde Ausstellungen ermöglicht. Außerdem wäre viel Platz für eine öffentliche Bibliothek. Für die Außenfassade des Palastes schlage ich das Anbringen einer großen

Uhr an Stelle des alten DDR-Emblems vor. Hinter dem Gebäude an der Spreeseite sollte das Ufer zugänglich gemacht und eine Bootsanlegestelle eingerichtet werden.

Diese Vorschläge könnten eine gute Variante zur Weiterentwicklung dieser Stadt sein.

Die alte Mitte Berlins darf künftig nicht nur die Mitte des Staates sein, sondern sollte kulturell und kommunikativ genutzt werden. Die Brüche unserer Gesellschaft sollen sich durchaus auch in unserer Architektur und in unseren Stadtbildern zeigen.

Die Verantwortung für die Gestaltung der Berliner Mitte liegt letztendlich in den Händen der Politiker, die aber die öffentliche Meinung in ihren Entscheidungen berücksichtigen müssen. Die Lösung dieses wichtigen und zentralen Themas Berlins sollte eine demokratische, umweltfreundliche, humane und nicht zuletzt denkmalpflegerische sein, die die Vielfalt dieser Stadt in einem weltoffenen Europa widerspiegelt.

Am 21. März 1997 ist die Entscheidung über das Schicksal des ehemaligen Palastes der Republik und einer brauchbaren Nutzungskonzeption des Schloßplatzes erneut verschoben worden, diesmal auf Ende 1999.

Chronik der Ereignisse

Sept. 1990	Schließung des Gebäudes wegen Asbestverseuchung durch Expertenkommission.
1992	Palastarchitekt Prof. Graffunder entwickelt erste Vorschläge zur Neukonzeption des P. d. R.
26. März 1993	Berliner Senat und Bundesregierung beschließen Abriß des Palastes und Neubau des Außenministeriums.
März 1993	Aktionsbündnisse, Bürgerkomitees und Interessengruppen zur Rettung des Palastes werden gebildet.
8. April 1993	Gründung der Initiative »Spreeinsel«.
April 1993	Baureferendare der Bundesbaudirektion mehrerer Bundesländer beschließen: Sanierung und Umbaulösung des Palastes wäre deutlich kostengünstiger als sein Abriß und ein Neubau.
August 1993	Aufruf zum städtebaulichen Wettbewerb für Gestaltung der Spreeinsel, wobei Bundesregierung und Senat den Abriß des Palastes vorgeben.
Sept. 1993	Bundesregierung legt Termin für Abriß auf 1994 fest, Bundesfinanzminister stellt Antrag für den Beginn der Abrißarbeiten.
Ende 1993	Asbestverseuchung im Internationalen Congress Centrum ICC festgestellt.
Jan. 1994	Vereinigung von Politikern, Bauexperten und Sachverständigen fordert Wiedereröffnung des Palastes, dafür werden 80 Mio. DM veranschlagt.
Jan. 1994	im Zuge der Sparmaßnahmen im Bundeshaushalt wird Abriß des Palastes auf 1995 verschoben.
Jan. 1994	Bundesanstalt für Materialforschung und Prüfung (BAM) veranschlagt Kostengutachten.

1995	Unterhaltungskosten für den Palast, jährlich zwischen 4–6 Mio. Mark, werden drastisch reduziert.
Mai 1995	Ankündigung einer europaweiten Ausschreibung für die Asbestbeseitigung.
Mai 1997	Bund und Land kündigen ein »Interessenbekundungsverfahren« für Investoren an. Sie sollen Angebote für einen Bau in der Kubatur des früheren Stadtschlosses abgeben.
Okt. 1997	Ein Bauzaun wird gezogen und Inventar des Palastes dem Haus der Geschichte in Bonn, dem Deutschen Historischen Museum und dem Landesdenkmalamt zur Verfügung gestellt. Ob das Gebäude rekonstruiert, umgebaut oder ganz abgerissen wird, ist weiter offen. Die Asbestsanierung soll im Jahr 2000 abgeschlossen sein.
Jan. 1998	Die im Rahmen des Interessenbekundungsverfahrens eingereichten Konzepte liegen von 15 Bewerbern vor. Nach dem noch geltenden Zeitplan sollen im Lauf des Jahres ein Architektenwettbewerb ausgelobt und 1999 das Investorenauswahlverfahren beginnen.
Febr. 1998	Das Mobiliar des Palastes ist weitgehend ausgelagert. Die Mittel für die Asbestsanierung (101 Mio. DM) sind noch nicht freigegeben.

Ideen für die Zukunft

Wilhelm von Boddien

Das Antlitz Berlins

Warum das Stadtschloß wichtiger als der Palast der Republik ist!

In Berlin herrscht Streit. Die Stadt ist sich uneins, wie ihr Zentrum, die Mitte der Mitte gestaltet werden soll: Schloß, Palast, Centre Pompidou? Oder, wie ernsthaft vorgeschlagen wird, einfach Pappeln pflanzen und das Ganze in eine ungewisse Zukunft vertagen?

Was prägt das Bild einer Stadt, das Stadtbild? Denken wir an Paris, erscheinen Eiffelturm, Louvre, Notre Dame, Champs-Élysées und vieles mehr vor dem inneren Auge. Jeder einzelne von uns setzt dabei andere Schwerpunkte, aber unabhängig von der Reihenfolge ist doch das Gesamtbild aller von der Stadt weitgehend identisch. Die historische Architektur gibt den Städten ihren ersten, unverwechselbaren Auftritt. Erst dann assoziieren sich die Menschen, ihre Kultur- und Arbeitswelt.

So baut Dresden folgerichtig die Frauenkirche wieder auf. Der Beton der ersten Nachkriegsjahre weicht dem historischen Bild. Die vertraute Identität kehrt zurück, befriedet in ihrer Stadt fremd gewordene Bürger. Hannover wurde nach dem Kriege autogerecht umgestaltet. Das neue Straßensystem nahm der Altstadt radikal ihr vertrautes Antlitz. So sucht die Stadt immer noch nach einer neuen Identität für ihr gesichtslos gewordenes Zentrum, ohne zu wissen, mit welchen Mitteln zeitgenössischer Architektur diese zu gewinnen sei.

Berlin durchlitt in Krieg und Nachkriegszeit durch Bomben und Abrißwut einzigartige Verluste und wurde danach bis zur Wende mit architektonischer Massenware zugebaut. So bezog es seine Identität hauptsächlich aus seiner Teilung, aus Mauer und Stacheldraht.

Das geteilte Berlin gab sich in Ost und West je eine neue City, Alexanderplatz und Kurfürstendamm. Die zur Grenze gewordene Mitte geriet zum Horror vacui. Die Berliner zogen sich auf beiden Seiten von ihr zurück, sie wurde zugig und öde, verkam zur Durchgangsstation. Berlin verlor sein Zentrum bis heute. Alex und Kurfürstendamm stehen immer noch für die dauernde innere Teilung der Stadt. Sie zu überwinden, braucht Berlin wieder sein Oberzentrum. Dieses kann nur die alte Mitte sein. Mit ihm sollen sich die Bürger aus Ost und West gleichermaßen identifizieren können, es wird sie dann einen. Seine äußere Gestalt unterliegt deswegen hohen städtebaulichen und inhaltlichen Ansprüchen.

Woran macht sich das Bild von Berlin fest? Die Stadt ist nicht so reich an ehrwürdigen Bauten, wie die berühmten europäischen Metropolen. Das neue Berlin sieht nicht anders aus, als man es bei einer übereilt vom zinssuchenden Kapital aus dem Boden gestampften Stadt irgendwo erwarten könnte.

Nur im alten Zentrum findet man noch wenige Bauwerke großer, historischer Architektur. Da sind die einst prächtigen Linden mit dem Brandenburger Tor am Anfang, aber wohin führen sie? Das Widerlager zum Tor an ihrem Ende fehlt. Forum Fridericianum, Gendarmenmarkt? Diese Höhepunkte der Stadtarchitektur wirken heute subaltern, zusammenhanglos, wie willkürlich in die Stadt gestellt. Zeughaus, Dom, Altes Museum? Sie wurden zu Einzelbauten, aus dem Ensemble gerissen.

Erst das Schloß verknüpfte sie miteinander, war der Schnittpunkt ihrer Kommunikationslinien, bildete mit ihnen zusammen die städtebaulich bedeutendste Anlage Berlins. Das Schloß war der Kristallisationspunkt eines Kraftfeldes, den man aus dem Gefüge der Stadt entfernte und damit die Ordnung des Ganzen ins Wanken brachte. Es gab der Mitte den Halt. Mit seiner Sprengung brach das alte Berlin zusammen, zurück blieben nur noch Phantomschmerzen einstiger architektonischer Größe.

Nach dem Abriß des DDR-Außenministeriums wurden die alten Strukturen der Stadt wieder sichtbar. Sein Fall stellte zugleich den Palast der Republik bloß, den es vor der Schönheit des alten Berlin schützte, machte ihn endgültig zum Fremdkörper.

Die städtebauliche Konzeption des Palastes war eine andere als die der Residenzstadt, es war die des sozialistischen Berlins. Dafür baute man ihn um 90 Grad zur Schloßachse gedreht, um den riesigen Aufmarschplatz zu erhalten, auf dem 750 000 Menschen in 72er Kolonne innerhalb von fünf Stunden an der Staatsführung vorbeidefilierten, ihr huldigten. Die DDR existiert nicht mehr, damit auch nicht mehr die Notwendigkeit eines Huldigungsplatzes inmitten Berlins. Der städtebauliche Wettbewerb ergab übereinstimmend ein Gebäude in der Kubatur des Schlosses, in seiner Ost-West-Ausrichtung. Der Palast könnte theoretisch mit Teilen in das neue Gebäude integriert werden, aber er würde dabei seine äußere Gestalt weitgehend verlieren. Und sein Inneres?

Um den Palast zu retten, muß man ihn sanieren, die Unmengen Asbest beseitigen, ihn so auf den Rohbau reduzieren. Die umgekrempelten Gesellschaftsstrukturen des neuen Berlin brachten neue, vielfältige, individuelle Bedürfnisse und damit gänzlich andere Anforderungen an die Raumgestaltung. So wird man ihn bei seinem Neuausbau auch von innen völlig verändern. Sein Skelett wird eine bundesrepublikanische Nutzungskonzeption in der Gestalt der Architektur des 21. Jahrhunderts aufnehmen. Er wird nicht mehr der Palast der Deutschen Demokratischen Republik sein, wird seinen Charakter verlieren, nachdem durch Um- und Anbauten sein monströses Äußeres verschwindet, seine zerstörerisch am Stadtbild wirkende Gestalt.

Damit ist es insgesamt sinnlos, ihn zu erhalten, da seine ursprüngliche Funktion und Wirkung verschwunden sind, die Erinnerung an ihn sich nirgends mehr festmachen kann.

Und die Moderne?

Architektonische Zukunftsvisionen überschwemmten die Stadt. Baustellen reißen riesige Löcher. Berlin gab sein Zentrum, wie niemals zuvor eine Stadt, in die Hände der Weltarchitektur. 4 500 000 Quadratmeter Gebäudeflächen sind im Bau. Glatte, kühle und nutzenorientierte Fassaden prägen das Bild der Neubauten. In ihrer seriengefertigten Monotonie ähneln sie einander sehr.

Die Moderne ist einzigartig in ihrer Qualität, wenn sie in die Höhe stürmen kann. Die Hochhäuser Frankfurts lassen es ahnen. Hier entsteht ein faszinierendes Ensemble unserer Zeit. Andererseits muß sie aber auch in sensiblen Stadtteilen harmonisch die Baugeschichte der Stadt ergänzen können, wenn sie nicht klotzig das Gewachsene erdrücken will. Kann sie das auch bei einem so gewaltigen, dem Zentralbau der Stadt leisten? Die Moderne, anstelle des Schlosses: ein zeitgenössisches Gebäude in dessen Kubatur, massiv hingelagert, 200 mal 120 Meter im Geviert und nur 31 Meter hoch. Wegen des historischen Umfeldes wird klassisches Baumaterial vorgeschrieben und eine Lochfassade. Diese wird industriell mit einer Tapete aus Marmor, Sandstein oder Granit verkleidet, glatt und schwer wie das Lindencorso, nur doppelt so groß. Ein monströser Bau, der sein Vorbild in der Reichsbank oder in Görings Luftfahrtministerium findet. Wo liegt der Unterschied zum Schloß? Es unterliegt doch den gleichen Vorgaben und wirkt dennoch anziehend und ästhetisch: eine große Skulptur, in ein elegantes Spiel von Licht und Schatten durch seine Plastizität gegliedert. Faszinierende Architektur Schlüters, der eben auch einer der größten deutschen Bildhauer war. Gibt es heute einen kongenialen Architekten? Und gibt der Kompromiß als Maß der Demokratie für Entscheidungen diesem den nötigen künstlerischen Spielraum?

Die inhaltlichen Ansprüche an die neue Mitte sind hoch. Hier wird das gesamte Spektrum unserer Gesellschaft beheimatet sein: Regierung und Parlament, inter-

nationale Organisationen, Wissenschaft und Kultur, Kirchen, Wirtschaft und die Bürger der Stadt und des Landes in ihrer ganzen Vielfalt.

Der Mittelpunkt Athens, der heimlichen Schwester Berlins, war neben der göttlichen Akropolis die Agora: Volksversammlung und vielfältiger Markt der Bürger, ihrer Sinne, ihres Geistes, ihrer Waren. Sie war eine Stätte des interdisziplinären Austausches der jungen Demokratie, das befruchtende, identitätsstiftende Zentrum der Stadt. Ein solcher Mittelpunkt fehlt Berlin, diesen Ort gilt es nun zu schaffen, will man die Mitte zurückgewinnen, die Stadt einen: den Ort, an dem die Stadt empfängt, feiert und repräsentiert, an dem sie geistige Führerschaft zeigt, ihre Zukunft gewinnt. Den Ort, dessen Schönheit die Menschen anzieht, den Ort, der Berlin wieder eine unverwechselbare Identität verleiht, im Inhalt und im Bild der Stadt. Einen Ort, der das klassische Berlin wieder zusammenfügt, der das so nötige Gegengewicht zu den Quartieren der Moderne herstellt. Wenn Geschichte und Moderne hier sichtbar einen Spannungsbogen bilden, wird die Stadt wieder aufregend und schön.

Der Streit über die künftige Identität der Stadt kristallisiert sich an Schloß und Palast, wurde zu einer Auseinandersetzung über die Identifikation der Berliner mit dem Bild ihrer Stadt. Beenden wir den Streit. Pflanzen wir keine Pappeln auf dem Schloßplatz. Hüten wir uns vor der Blamage des Vakuums, vor dem baulichen Irrweg des Sozialismus und vor der Kühle der industriegefertigten Moderne in Berlins Mitte. Entscheiden wir uns für ein neues, vielfältiges Bild unserer Stadt mit ihren gewaltigen, modernen Quartieren, die wie ein Kranz die Mitte umlagern, und ihrem historischen Zentrum. Bauen wir dort eine Agora für ihre Bürger. Und geben wir damit Berlin sein vertrautes Antlitz zurück: Das Schloß.

Aufbau ja 13.5.94

In Hoffnung auf einen Wiederaufbau dieses historischen Gebäudes und architektonischen Höhepunktes.

13.05.94

Berlin hat genug Prunkbauten. Sozialwohnungen sind wichtiger.

Nein

Der Platz würde so oder so in der "nächsten Zeit" bebaut werden – dann aber doch so, daß das städtebauliche Gesamtbild Berlins nicht noch mehr verhunzt wird – also am besten mit der Fassade des Schlosses als Hülle für eine neue Bebauung.

Hannover
13/5/94

Stadtschloßausstellung

Frau Ruth Haber, die sich im Förderverein »Berliner Stadtschloß e. V.« engagiert, hat die obenstehende Seite aus einem Besucherbuch der Stadtschloßausstellung zur Verfügung gestellt. In vielen Monaten hat sie die Eintragungen in den 37 Besucherbüchern ausgewertet. Insgesamt hatten sich 51 915 Gäste zum Stadtschloß geäußert. Mit folgendem Ergebnis:

total	*51 915*	*zu wertende Stimmen (incl. Kompromißler)*	
davon	*7 990*	*contra Schloß*	*= 15,4 %*
	42 118	*pro Schloß*	*= 82,0 %.*

Am 21. November 1997 entrollten die PDS-Politiker Gregor Gysi (l.) und Frederik Over auf dem Dach des Palastes der Republik dieses Transparent, um so gegen die begonnenen Abrißarbeiten für die Asbestsanierung zu protestieren.

Lieselotte Schulz

Grobkonzept zur künftigen Nutzung des Palastes der Republik

Der Palast der Republik – ein Haus des Volkes, ein Denkmal für Fleiß und Schaffenskraft von 16 Millionen Bürgern der ehemaligen DDR. Wir erinnern uns der Worte des Obermeisters Oskar Zimmermann beim Richtfest:

»Wir danken allen! Und in diesem Fall kommt hierzulande sicher jeder in Betracht: denn Bauherren sind wir schließlich alle, und wer hat nicht im Herzen mitgemacht? Bald öffnest Du das Tor dem ersten Gast. Musik erklingt, und Stimmen werden laut. Drum sei der Richtspruch:

Friede unserem Palast
den Volkes Kraft zum Wohl des Volkes baut!
Hier werden Mut und Freude sich vereinen!
In ihm wird Frohsinn wohnen und auch Glück!
Denn hinter diesen festen Marmorsteinen,
da schlägt das Herz der ganzen Republik!«

In fast 1000 Tagen erbaut, bereitete er Millionen Besuchern aus der Republik und dem Ausland Freude und Entspannung. In diesem Haus wurde 1990, in der Volkskammer der DDR, die Wiedervereinigung entsprechend Art. 23 des Grundgesetzes der BRD beschlossen.

1. Nutzungsmöglichkeiten:
»Haus des Volkes« und »Haus der europäischen Völker und Kulturen«.

1.1 Außer für den Teil der Volkskammer sollten die multikulturelle Nutzung sowie **die verschiedenen gastrono-**

mischen Einrichtungen erhalten bleiben. Die Wiedernutzung der Gaststätten ist besonders dringend und erfolgversprechend wegen der Folgen der Schließung von zwei Gaststätten im benachbarten Palasthotel und dem beabsichtigten Abriß dieses Hauses. Außerdem besteht eine Anlegemöglichkeit für Fahrgastschiffe.

1.2 Der Große Saal und die dazugehörigen Funktionsräume sollten nach Sanierung voll mit seiner einzigartigen Technik für Großveranstaltungen etc. genutzt werden.

1.3 Foyer (wie bisher ohne Eintrittsgelder zugängig) mit Etagen-Büffet, Postamt, Café, Souvenirladen und Kunstgewerbe, Buchhandel, Theater im Palast usw. könnte zuerst wieder genutzt werden.

1.4 Teil der Volkskammer mit den dazugehörigen Funktionsräumen. Hier könnte die Archivbücherei aus dem Herrenhaus des Preußischen Landtages u. a. m. untergebracht werden. Der Plenarsaal der Volkskammer sollte der unter Raummangel leidenden Humboldt-Universität und den EG-Interessen vorbehalten bleiben. Nutzung für Vorlesungen, Vorträge und Ausstellungen, so würden die kostbaren technischen Einrichtungen wieder gute Einsatzmöglichkeiten finden.

1.5 Als Räume für Europa-Politik würden sich im 3., 4. und 5. Geschoß 12 **Konferenzräume** anbieten (um die Europa-Politik den Berlinern und ihren Gästen transparenter zu machen).

1.6 Es gibt plausible Erwägungen, die Kongreßhalle an der John-Foster-Dulles-Allee, die gegenwärtig als »Haus der Kulturen der Welt« dient, im Zuge des Aufbaus des Regierungszentrums westlich des Reichstagsgebäudes anderweitig zu nutzen. Der Palast der Republik könnte in diesem Falle ein sehr geeigneter Standort für die Pflege der Weltkulturen sein. Keine nennenswerten Umbauten! Besonders empfehlenswert durch die Nähe von Außenministerium, Museen und Humboldt-Universität.

2. Finanzierung der Maßnahmen zur Wiedereröffnung

2.1 Grundsäuberung und neue Asbestmessung.

2.2 Sanierung – wo notwendig – der Asbest- und Bauschäden.

– Renovierung.

– Wiedereinrichtung entsprechend des Standes der Schließung 1989/90.

– Viele der Unterzeichner wären bereit, kostenlos mitzuhelfen.

– Umsetzung von 30 Millionen DM aus dem Vorhaben ehemaliges Herrenhaus, Leipziger Straße.

– Umsetzung der vorgesehenen Summe für Mensaneubau der Humboldt-Universität.

– 20 Millionen DM aus dem Bundesbauministerium für Asbestsanierung.

– Die Mittel, die bisher für den Erhalt des Hauses zur Verfügung gestellt wurden, müssen weiterhin zur Verfügung stehen.

– Da es ein europäisches Haus werden soll, könnte ein Zuschuß für die Sanierung evtl. beim Europaparlament beantragt werden.

3. Kostenvorausermittlung – Planung

3.1 Verpachtungsvarianten für Gastronomie (Einzelheiten können mit den zahlreichen Interessenten abgesprochen werden).

3.2 Erstellung eines Veranstaltungsplanes.

3.3 Personal für 1–3 Jahre über ABM, dann selbsttragend.

3.4 Es ist zu empfehlen, eine Betreibergesellschaft zu berufen.

3.5 Zur Finanzierung würde beitragen, wenn die Räume schnellstens schrittweise wieder einer Nutzung zugeführt werden könnten.

3.6 Vorliegende Konzeption wäre bei ihrer Annahme von einem zu berufenen Gremium von Fachleuten unter Mitwirkung des Architekten des Palastes, Herrn Heinz

Graffunder, weiter zu spezifizieren und der Betreibergesellschaft zu übergeben.

Berlin, den 25. Februar 1994
Bundesverband der Komitees für Gerechtigkeit e. V. (i. G.)
Landesverband Berlin, Initiative Palast der Republik

Dieses inzwischen bearbeitete und erweiterte Grobkonzept wurde von der Bundesregierung bestätigt.

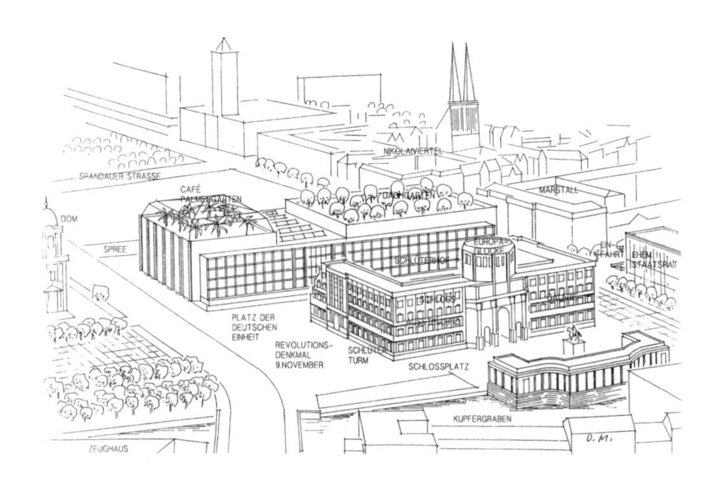

Lösungsvariante Schloßplatz

Der Palast ist als architektonischer Abschlußriegel zwischen S-Bahnhof Alexanderplatz und Schloßplatz zu sehen. Der Westflügel des ehemaligen Schlosses mit der Schloßfreiheit wäre der architektonische Anschluß zum historischen Berlin. Die Korrespondenz Dom–Palast/Marstall–Palast bliebe durch die Spiegelung erhalten. Der Schlüterhof würde das neutrale, europäische Zentrum bilden und für Konzerte und anderer europäischer Kultur zur Verfügung stehen. Als Symbol würde die europäische Glocke in den Schloßturm gehängt.

Wolf R. Eisentraut

Zehn Thesen zur Nutzung

1. Die Zeit ist nicht reif für eine endgültige Entscheidung über die Zukunft des Schloßplatzes mit dem Palast. Der Spreeinselwettbewerb vermochte keine gültige Lösung zu erbringen. Die Diskussionen sind noch im Ost-West-Denken polarisiert, Berlin als Ganzes hat seine geistige Position noch nicht gefunden, und außerdem mangelt es an Geld. Deshalb sollte man dieses Problem lösen, wenn Berlin die Hauptstadtfunktion ausfüllt und wenn die Einheit auch in den Köpfen vollzogen ist. Also wohl erst im nächsten Jahrtausend.

2. So wäre ein Abriß ohne gültige Alternative voreilig und würde in der Mitte der Stadt eine gähnende Leere schaffen. Es gibt keine Hinweise, daß man in absehbarer Zeit Besseres schaffen könnte, weder materiell noch ideell. Das beweisen die architektonischen Banalitäten, die in jüngster Zeit hier und da auf Abrißgrundstücken entstehen und die auch für den Platz vorgeschlagen werden. Es ist wohl auch wirtschaftlich unvertretbar, Millionen für die Beseitigung gut nutzbarer Substanz aufzuwenden.

3. Eine Asbestsanierung ist notwendig und möglich. Keinesfalls muß man das Haus dazu »skelettieren«, vielmehr ist ein differenziertes Vorgehen nötig. Dabei ist vorzugsweise die Methode der Asbestverwahrung durch dauerhafte Versiegelung anzuwenden. Das ist besser, als das Material erst in der Umwelt zu verbreiten und durch ein anderes zu ersetzen. (Schließlich hat der Asbest auch

die Funktion des Brand- und Korrosionsschutzes, auf die nicht verzichtet werden kann!) In wichtigen Bereichen ist der Asbest ohnehin schon eingemauert, in anderen allerdings liegt er offen. Die für den Abriß vorgesehenen Mittel dürften für eine Asbestsanierung ausreichen.

4. Ein Nutzungskonzept muß sich aus den Bedürfnissen der Stadt und aus den dem Hause innewohnenden Möglichkeiten ergeben. Die Stadt braucht an dieser Stelle zumindest ein belebtes Haus; offen für jedermann, mit kulturellen und gastronomischen Angeboten.

Der Palast bietet große Begegnungsfoyers und hervorragend nutzbare Säle für Kultur und Kongresse sowie eine Vielzahl von Gaststätten. Darüber hinaus gibt es erhebliche, bisher uneffektiv genutzte Raumreserven. Das Haus ist gewissermaßen ein gebautes Nutzungskonzept, das es nur zu erschließen gilt. Die erhabene Bedeutung, die diesem Platz mitunter zugemessen wird, muß sich nicht unbedingt im Palast widerspiegeln. Ganz im Gegenteil – er muß zur Normalität städtischen Lebens beitragen, als Palast an der Spree. Der Betrieb sollte durch eine Gesellschaft durchgeführt werden, in der sich private und öffentliche Interessen verbinden.

5. Schwerpunkt der Nutzung wird der Große Saal sein. Hier sind Veranstaltungen mit Kapazitäten von 180 bis 5000 Besuchern durchführbar, der Saal ist aufgrund seiner Mehrzweckfunktion geeignet für vielerlei Veranstaltungsarten: Kongreß, Show-Veranstaltung, Konzert, politische Tagung, Bankett, Feste, begrenzt auch für Sport. Er ist, mit Blick auf die benachbarte Universität, auch als Auditorium mit 5000 Plätzen verwendbar. Die Technik ermöglicht seine Verwandlungen mit geringstem Aufwand, sowohl in der Größe als auch im Grundriß und in der Bestuhlung. Sie ermöglicht ebenfalls auf tontechnischer und informationstechnischer sowie beleuchtungstechnischer Ebene die Durchführung aller Veranstaltungen in international üblicher Qualität. Da es in Berlin an einem Saal dieser Dimension und Qualität gegenwärtig mangelt, stellt dieses Nutzungsangebot eine wichtige Komplettierung der gesamtstädtischen Veranstaltungsszene dar. Anspruchsvolle Kulturveranstaltungen müßten dann nicht mehr in der dazu wenig geeigneten Deutschlandhalle oder im ICC durchgeführt werden.

Ein wesentlicher Nutzungseffekt ist aus der Gesamtheit des Hauses zu erwarten, d.h., für Kongresse, Tagungen und große Bälle entsteht die spezifische Nutzungsqualität aus der Simultannutzung aller Einrichtungen des Hauses.

Aufgrund der perfektionierten Umrüsttechnik des Saales ist theoretisch ein Betrieb an mehr als 300 Tagen (einschließlich Proben) des Jahres möglich.

6. Der kleine Saal mit ca. 500 Plätzen dient mehr der herkömmlichen Kongreßfunktion. Insbesondere in Verbindung mit den spree- und platzseitigen Konferenzräumen ist dieser der Ort zur Durchführung bedeutender, auch internationaler Kongresse mit dem Vorteil innerstädtischer Lage prädestiniert.

Räume für Projektion, Tontechnik und Simultanübersetzung sowie die im Hause befindlichen Gaststätten gewährleisten gute Durchführungsqualität und Organisationsmöglichkeiten.

7. Das Hauptfoyer übernimmt die Funktion eines überdachten öffentlichen Stadtraumes. Genau in der Schnittstelle historischer Stadtachsen (Linden/Alexanderplatz) gelegen, setzt es bei entsprechender Nutzung den öffentlichen Raum fort. Durch die Grundrißgeometrie ist eine funktionelle Abgrenzung zu den Sälen möglich. Die Nutzungsangebote beziehen sich hauptsächlich auf Verweilen, Begegnungen, Informieren. Dazu kommen ein differenziertes gastronomisches Angebot und die Möglichkeit ständiger und temporärer Ausstellungen, wobei

die »Galerie im Palast« als Kulturzeugnis und touristischer Anziehungspunkt zu erhalten ist. Desgleichen sollte im Rahmen der Sanierung der Ausbau des Hauses nicht nur aus Kostengründen wenig verändert werden, denn auch »Honeckers Lampenladen« ist schließlich touristisch zu vermarkten. Eine besondere Nutzungsvariante ist der Ball im Palast, als festliche Veranstaltung in allen Sälen und in allen Etagen künftiger gesellschaftlicher Höhepunkt in der Stadt.

8. Das Foyer als große Halle wird ergänzt durch viele unterschiedliche Gaststätten, durch gastronomische Bereiche für die Pausenversorgung. Insbesondere die Gaststätten mit Blickbeziehung zu den Linden, zum Dom, zum Spreepark oder direkt zur Spree gewinnen bereits aus der Lage besondere Attraktivität. Das Haus kann auf beiden Seiten mit Terrassengaststätten ergänzt werden. Großräumige Flächenangebote gibt es in den Seitenfoyers. Hier sind touristisch wirksame Verkaufseinrichtungen (Souvenir, Graphik, Bücher, Kunst, Antiquitäten, Kartenservice, Flugreisebüros u. a.), kleine Gaststätten (Bars, Cafés) sowie auch Studios für Fernseh- und Rundfunksender sowie Stadtbüros für Zeitungen und Verlage anzusiedeln. Letzteres gäbe dem Haus, anknüpfend an die Einrichtung des Wahlstudios der ersten freien Wahlen 1990, einen neuen Symbolgehalt.

9. Das Theater im Palast hat in Ergänzung zu den anderen Berliner Theatern seine Besonderheit in der Grundrißneutralität, die insbesondere für experimentelles Theater beste Voraussetzungen bietet (Gastspielbetrieb). Des weiteren gibt es im Kellerbereich erhebliche Flächen, die neuer Nutzung zugeführt werden können: Ein Dance-Floor für bestimmte Altersgruppen sowie mehrere kleine Kino- und Vortragssäle.

Ein Dachgarten über dem Hauptfoyer, windgeschützt zwischen den beiden Saalbaukörpern und in guter Anbindung an vorhandene Küchenbereiche, ist als großer Berliner Biergarten mit hervorragender Aussicht und vor allem ohne abendliche Nutzungseinschränkungen wegen Lärmes zu verwenden.

10. Das städtebauliche Problem auf der Spreeinsel besteht weniger im Palast an sich als in seiner exponierten Stellung im städtebaulichen Raum. Deshalb ist der Schloßplatz mit dichter rasterartiger Baumpflanzung zu versehen. Die noch vorhandenen Schloßfundamente können freigelegt und als Erinnerung an den früheren Bau sichtbar gemacht werden.

Auf diese Weise könnte die Stadt wieder über ein belebtes Haus an historisch wichtiger Stelle verfügen, das von neuer Nutzung erfüllt ist und sich, umgeben von Bäumen, städtebaulich einfügt.

Späteren Überlegungen bleibt es vorbehalten, vor dem Palast vielleicht einen edlen Solitärbau mit erhabener Bedeutung zu errichten oder gar eine völlig andere Lösung für das gesamte Ensemble zu finden.

Visionen

Was wird aus dem Berliner Schloßplatz? Diese Frage hat »Der Tagesspiegel« über zwanzig weltbekannten Architekten und Stadtplanern gestellt. Verlangt waren nicht durchkalkulierte Investorenmodelle, sondern Visionen und Phantasien für den wichtigsten Platz der deutschen Hauptstadt. Von den Einsendungen seien hier zwei Modelle vorgestellt sowie der »Tempel des Geistes« der Palastbaumeister.

Weitere Entwürfe sind im Buch »Der Berliner Schloßplatz«, herausgegeben von Monika Zimmermann (Argon Verlag, Berlin 1997), zu finden. Es beschreibt die unterschiedlichsten Ideen der Schloßplatzgestaltung, angefangen vom großen Zelt als Übergangslösung für dreißig Jahre bis hin zur Dopplung des Palastes.

Axel Schultes

Schinkels Traum

Das Vermächtnis des preußischen Generalbaumeisters zur Berliner Mitte

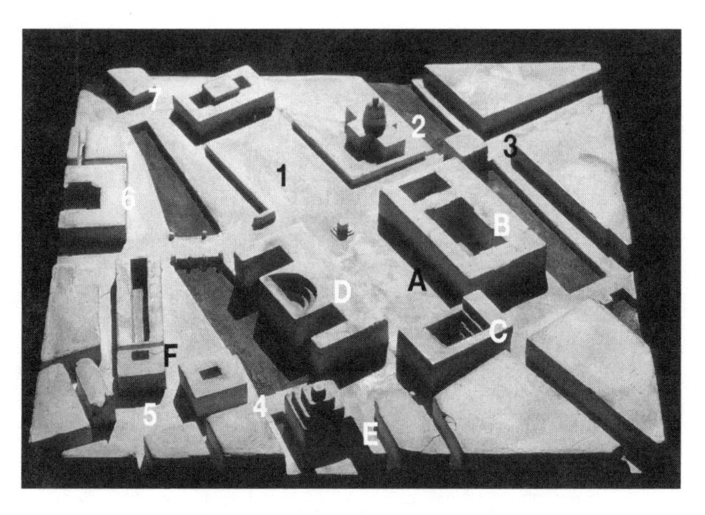

Das Schinkel-Modell. Es hat auf der Rückseite eingeritzte Bezeichnungen: »A Platz der Verfassung; B Schloß; C Kgl. Academie der Wissenschaften; D Landtag; E Lg.; F Kgl. Bibliothek.« Zur Orientierung gibt Schultes Kennzeichnungen dazu: 1 Altes Museum; 2 Alter Dom; 3 Brückenbauwerk (evt. Denkmal Friedrich II.); 4 Bauakademie; 5 Friedrichwerdersche Kirche; 6 Zeughaus; 7 Packhof. Das angeblich von Schinkel stammende Gipsmodell des Schloßplatzes sei, so Schultes, kürzlich als Beutekunst in Moskau aufgetaucht und von dort, auf diplomatischem Umweg, in seine Obhut gekommen. Auf der Rückseite trage es den russischen Vermerk: »Aus dem Nachlass K. F. Schinkels; beschlagnahmt aus Privatbesitz; Berlin, 28. August 1945 A. R.«

Heinz Graffunder, Lothar Arzt, Lothar Gericke

Tempel des Geistes

Die Nutzung des »Berliner Forums – Tempel des Geistes« müßte dem bedeutenden städtebaulichen und politischen Rang entsprechend in vielfältiger kulturell-freizeitlicher Dimension erfolgen.
So stände im ehemaligen Palast-Teil der Plenarsaal der früheren Volkskammer, die in diesem Raum den Beitritt der DDR zur Bundesrepublik beschloß, Kongressen und ähnlichen Veranstaltungen zur Verfügung.
Der wiederaufgebaute Schlüterhof des Stadtschlosses sollte musealen Darstellungen der Entwicklung des Hauses Hohenzollern und seines Ranges in der Entwicklung Berlins und Deutschlands vorbehalten sein.
Eine große Schloßpassage sowie gläsern-überdachte Innenflächen sollten dazu eine vielfältige und ganztägige Nutzungspalette mit unterschiedlichsten Veranstaltungen ermöglichen.

Dieter Eckert, Hubertus Negwer,
Detlef Sommer, Wouter Suselbeek

Haus des Kaisers

Ein Stadtteil mit tiefer gelegtem Hof. So präsentiert sich der Architektenentwurf im historischen Stadtbild. Kein Mauerwerk, sondern eine Idee, jeder Block könnte ein Haus, jeder Stein eine Wohnung sein. Fotomontage: hola 3D modellbau

Verzeichnis der Autoren

Alfermann, Thomas, geboren 1956 in Caputh bei Potsdam. Er ist gelernter Datenverarbeitungskaufmann und war seit 1979 als Ausbilder in der gleichen Branche tätig, gleichzeitig machte er ein Fernstudium zum Diplom-Betriebswirt. Zur Zeit Ausbilder für Wirtschaft und Verwaltung in einem Berufsbildungswerk.

Arzt, Lothar, geboren 1935 in Dessau, 1955–1961 Studium der Architektur in Dresden. Als Architekt und Stadtplaner hat er u. a. die Innenstadt mitgeplant und 1992 mit Gericke und Graffunder das Berliner Forum entworfen.

Baumgardt, Karen, geboren 1962 in Darmstadt, aufgewachsen in West-Berlin. Sie studiert Wissenschaftsgeschichte, Germanistik und Physik an der TU Berlin, war Gründungsmitglied des MütterAktionsKreises und verfaßte die Dokumentation »Mütteralltag in der Stadt«.

Behnert, Heinz, geboren 1934 in Berlin-Mitte, studierte Kulturtheorie/Kulturpraxis als Fernstudium in Meißen. Von 1975 bis 1990 als Produktionsleiter im Palast tätig. Autor des Buches »Palast, Palazzo – das Denkmalbuch«, welches die Geschichte der Veranstaltungen im PdR schildert. Edition Bodoni, 1997.

v. Boddien, Wilhelm, geboren 1942 in Stargard in Hinterpommern. Wilhelm von Boddien inszenierte 1993/94 die Stadtschloßsimulation auf dem Schloßplatz in Berlin.

Brüning, Elfriede, geboren 1910 in Berlin, wo sie heute noch lebt. Sie ist Roman- und Fernsehautorin sowie Verfasserin von Reportagen und Kinderbüchern.

Canjé, Hans, geboren 1929 in Köln. Er war Journalist und Leiter der Jugendredaktion von Stimme der DDR, die den Tag der Solidarität im Palast organisierte. Heute ist er Rentner.

Denner, Rudolf, geboren 1939 in Dietzhausen/Thüringen, gelernter Feinmechaniker, später Dipl.-Wirtschaftler. Er war regelmäßiger Palastbesucher seit der Eröffnung des PdR, hat nebenberuflich 45 Jahre als Fotograf gearbeitet, insbesondere für Reportagen. Heute ist er Außendienstmitarbeiter in der Fotobranche.

Drauschke, Petra, geboren 1951 in Berlin-Pankow. Nach dem Studium der Philosophie an der Karl-Marx-Universität in Leipzig promovierte sie in Sozialwissenschaften und war wissenschaftliche Assistentin an der Humboldt-Universität. Heute ist sie in der Frauenforschung tätig. Publikation: »Alleinerziehen, eine Lust?« Petra Drauschke & Margit Stolzenburg, Centaurus-Verlag, Pfaffenweiler 1995.

Eisentraut, Wolf-Rüdiger, Prof. Dr., war einer der projektverantwortlichen Architekten im Kollektiv Graffunder. Heute hat er ein freies Architekturbüro in Berlin am Schöneberger Ufer und lehrt an verschiedenen Ausbildungsstätten.

Ellereit, Rudolf, geboren 1922 in Königsberg, ist gelernter Tischler. Nach seinem Studium der Wirtschaftswissenschaften in Bernau promovierte er und wurde Dozent an der Gewerkschaftshochschule. Zur Zeit im Ruhestand. Mitglied des Komitees für Gerechtigkeit in Friedrichshain und Sprecher der Bürgerinitiative »Pro Palast«.

Ensikat, Peter, geboren 1941 in Finsterwalde. Er studierte Schauspiel in Leipzig. Heute lebt er in Berlin als Schriftsteller und Kabarettist.

Esche, Eberhard, geboren 1933 in Leipzig. Seit 1961 als Schauspieler am Deutschen Theater in Berlin engagiert und Träger des Ringes des DT. Im Palast moderierte er u. a. »Spaß muß sein«.

Fieguth, Joachim, geboren 1942 in Berlin, Studium an der Hochschule für Grafik und Buchkunst in Leipzig, Diplomfotografiker, von 1971 bis 1991 Bildjournalist bei den Tageszeitungen »Berliner Zeitung« und »Neues Deutschland«, seit 1992 freiberuflicher Fotograf, Publikation der Bildbände »Berliner Tierpark« und »Bauten unter Denkmalschutz«.

Flierl, Bruno, Dr. Ing., Dr. sc. phil., geboren 1927. Nachdem er Architektur studiert hatte, arbeitete er als Architekturtheoretiker und Bauhistoriker an der Bauakademie der DDR in Berlin. Von 1962–1964 war er Chefredakteur der Zeitschrift »Deutsche Architektur«. Ab 1980 als Dozent an der Humboldt-Universität tätig, wo er '84 emeritiert wurde. Seitdem ist er Architekturkritiker.

Graffunder, Heinz, 1926 in Berlin geboren, verstarb am 9. 12. 1994. Heinz Graffunder war der leitende Architekt des Palastbaues. Er studierte Architektur in Berlin, gestaltete viele Tiergärten in der DDR, z.B. den Tierpark Friedrichsfelde, aber auch Tiergärten in Rostock, Leipzig,

Erfurt, Halle und Cottbus. Einige seiner wichtigsten Architekturprojekte waren die Botschaft der DDR in Budapest, das Freibad in Pankow, der Komplex Rathaus – Liebknecht-Straße, das große Wohngebiet Marzahn und nach der Wende ein Wohn- und Geschäftshaus in der Straße Am Friedrichshain.

Gericke, Lothar, geboren 1937 in Breslau, flüchtete 1945 in die Niederlausitz und ist dort aufgewachsen. Er besuchte die Fachhochschule für Gestaltung in Potsdam und die Kunsthochschule in Berlin-Weißensee. Beim Wiederaufbau von Berlin war er verantwortlich für die Gestaltung und Farbgebung der Straße Unter den Linden in den 70er Jahren. Seit 1981 ist Lothar Gericke freiberuflich tätig, heute vor allem im Berliner Umland, Dresden und Rostock. Seine wichtigsten Publikationen sind u. a. »Das Phänomen Farbe«, Hentschel Verlag, Berlin, und »Malerei, Grafik, Kunstobjekte«, Gala-Verlag, Berlin.

Haber, Ruth, geboren und wohnhaft in Berlin-Schmargendorf, freiberufliche Journalistin, hat sich für die Arbeit von Herrn v. Boddien sehr engagiert. Sie ist Mitglied in dem von ihm gegründeten Förderverein »Berliner Stadtschloß e. V.«, hat ehrenamtlich bei den Stadtschloßausstellungen mitgeholfen und die Besucherbücher zu diesen Ausstellungen ausgewertet.

Hecht, Rüdiger, geboren 1948 in Berlin-Pankow, Ausbildung zum Industriedesigner. 1979 übersiedelte er mit Frau und Kind nach West-Berlin und ist seitdem hauptberuflich Planer von Spielplätzen. Nach Aufhebung seines Einreiseverbotes 1987 unternahm er Fototrips nach Ost-Berlin. Ab ’94 Fotoausstellungen, z. B. im Fernsehturm, in der Marienkirche, Charité.

Heidler, Kirsten, geboren 1960 in Bielefeld. Seit 1995 Kulturmanagerin mit Schwerpunkt Tourismus- und Stadtmarketing. Sie leitete eine kreative Schreibwerkstatt, gab eine Broschüre heraus und machte eine Ausstellung zum Palast der Republik mit dem Titel »Aus dem Alltag des Palastes«.

Herkula, Birgit, geboren 1960 in Magdeburg, gelernte Chemiefacharbeiterin. Von 1985–1988 studierte sie Literatur in Leipzig. Letzte Publikation: »Das fröhliche Ende einstürzender Burgen«, Verlag Blaue Äpfel, 1994. Heute ist sie verantwortlich für Öffentlichkeitsarbeit und Programmentwicklung am »*eine* welt haus« in Magdeburg.

Holland-Moritz, Renate, geboren 1935 in Berlin-Wedding, beliebte »Eulenspiegel«-Autorin, bekannt vor allem durch ihre satirische Prosa und Filmkritiken. Sie wirkte in jeder Veranstaltung von »Lachen und lachen lassen« im PdR mit.

Holm, Knut, alias Dr. Klaus Huhn, war hauptberuflich Sportjournalist. Er ist Anhänger der Bürgerinitiative »Pro Palast«, in dem von ihm gegründeten Spottless Verlag erschienen über den PdR bereits folgende Bücher: »Der Palast muß weg weg weg«, 1994, und »Kampf um den Palast«, 1996.

Holtz-Baumert, Gerhard, 1927–1996, gestorben in Berlin. Kinderbuchautor, bekannt vor allem durch sein Buch »Alfons Zitterbacke«.

Horn, Katarina, geboren 1971 in Berlin-Lichtenberg, wuchs in Ost-Berlin auf. Sie ist gelernte Steinmetzin und möchte in Potsdam Restaurierung studieren.

Horn, Sabine, geboren 1963 in Berlin-Mitte. Sie studierte Journalistik in Leipzig, war von 1989–1990 beim DSF (Deutscher Fernsehfunk) beschäftigt, wurde dann abgewickelt und arbeitet heute als freie Journalistin.

Jank, Birgit, geboren 1956 in Luckenwalde. Sie studierte von 1975 bis 1982 Musikerziehung und Germanistik an der Humboldt-Universität zu Berlin, promovierte, schloß ein Gesangsstudium an der Hochschule für Musik »Hanns Eisler« Berlin ab und habilitierte sich. Danach wurde sie wissenschaftliche Assistentin und Oberassistentin am Institut für Musikwissenschaft an der Humboldt-Universität und übernahm dort ab 1989 die Leitung des Lehrstuhles für Musikerziehung. Nach der Wende arbeitete sie als Professorin für Soziale Kulturarbeit, Schwerpunkt Musik, an der Alice-Salomon-Fachhochschule für Sozialarbeit und Sozialpädagogik in Berlin-Schöneberg. Seit 1994 Professorin für Erziehungswissenschaft und Musikdidaktik an der Universität Hamburg.

Kelle, Herbert, geboren 1930 in Halberstadt, erlernter Beruf Vermessungstechniker. Jugendfunktionär der FDJ, ab 1950 amtierender Oberbürgermeister in Halberstadt, danach Abgeordneter in Kreis- und Bezirkstagen, Mitglied des Rates des Bezirkes Halle. Ende der 50er Jahre Jurastudium an der Akademie für Staats- und Rechtswissenschaften, danach Diplom-Staatswissenschaftler. Anschließend leitender Mitarbeiter im Staatsrat der DDR, ab Ende 1963 bis zur Auflösung verantwortlich für die Leitung des Volkskammerapparates. Ab 1990 im Ruhestand.

Keller, Andreas, geboren 1948 in Dresden, Studium der Architektur an der TU Dresden, später Bühnen- und Kostümbild an der Kunsthochschule Berlin-Weißensee und am Muchina-Kunstinstitut in Petersburg. Zunächst Szenenbildner beim Fernsehen, dann Ausstatter an mehreren Theatern. Von 1978 bis 1990 Bühnenbildner (zuletzt Chefbühnenbildner) am Palast der Republik. Heute ist er freischaffend, arbeitet in allen Medien- und Genrebereichen.

Pfender, Jochen, Journalist und Kunsthistoriker, lebt und arbeitet in Bonn. Magisterarbeit über »Die ›Galerie im Palast der Republik‹. Zur Situation der Malerei in der DDR nach dem VIII. Parteitag der SED 1971«, Universität Bonn, 1993.

Pollatscheck, Constanze, geboren 1937 in Frejus/Frankreich. Arbeitete u. a. als Journalistin beim Deutschlandsender, in der Wochenpost und war ca. 11 Jahre im PdR, Abteilung Öffentlichkeitsarbeit, beschäftigt. Sie ist heute bei der Gesellschaft für Öffentlichkeitsarbeit in der Stadtentwicklung tätig.

Salzer, Eva, geboren 1920, war freischaffende Journalistin, Reiseleiterin und Dolmetscherin. Anfang 1997 in Berlin verstorben.

Schanze, Brigitte, geboren 1935 in Berlin, gelernte Sängerin, zur Zeit Hausfrau.

Schemer, Alfred, geboren 1952 in Schmalkalden, gelernter Kellner. Arbeitete von 1976 bis 1990 im gastronomischen Bereich des PdR und ist heute in der gleichen Branche bei der Stern- und Kreisschiffahrt Berlin tätig.

Schultz, Hans-Georg, geboren 1940 in Löwenberg. Lernte Bäcker und Konditor im Geschäft seines Vaters, ging später auf Montage und arbeitete in verschiedenen Berufen. Seit Baubeginn beim Palast der Republik beschäftigt, hauptsächlich im Zentralen Bereitschaftsdienst.

Schulz, Lieselotte, studierte Fernmeldetechnik an der Fachschule für Nachrichten-, Maschinen- und Elektrotechnik in Berlin-Lichtenberg. Sie war im nachrichtentechnischen Teil für den Sonderbaustab der Innenstadt u. a. des Palastes tätig. 1996 Mitbegründerin des »Vereins für die Erhaltung des PdR«, welcher auch über das Internet erreichbar ist.

Stengel, Hansgeorg, geboren 1922 in Greiz. Satirischer Lyriker, Kabarettdichter, Feuilletonist, Verfasser von Kinderbüchern, Textautor satirischer Kurz- und Trickfilme und Entertainer. Als »Eulenspiegel«-Autor nahm er an vielen Veranstaltungen von »Lachen und lachen lassen« im PdR teil.

Welter, Andreas, geboren 1957 in Bochum, gelernter Einzelhandelskaufmann. Verfasser vieler Interview-Texte dieses Buches.

Quellennachweis

S. 21 *Bruno Flierl*, Inszenierungen im öffentlichen Raum. Palast der Republik als Haus des Volkes, aus: Kunstdokumentation, Herausgeber: Günther Feist, Du Mont-Verlag, Köln 1996.

S. 28 *Heinz Graffunder*, Erinnerungen und Gedanken des Architekten, aus: Der Palast muß weg weg weg, Spottless-Verlag, Berlin 1994

S. 51 Daten des Bauablaufes, aus: Der Palast der Republik – Mein Arbeitsplatz, Berlin 1975

S. 52 Baumaterialien, aus: Der Palast der Republik – Mein Arbeitsplatz, Berlin 1975

S. 39 *Heinz Graffunder*, Daten, Fakten, Zahlen, aus: Der Palast der Republik – Mein Arbeitsplatz, Berlin 1975

S. 44 *Irmtraud Morgner*, 100. Kapitel (Unterkapitel 9) aus: Amanda, © 1983 Hermann Luchterhand Verlag GmbH & Co. KG, Darmstadt und Neuwied.

S. 49 Der Palast der Republik ist eröffnet, aus: Neues Deutschland vom 24./25. April 1976

S. 50 Wunder, aus: Morgenpost vom 23. April 1976

S. 48 Richtspruch, aus: Der Palast der Republik – Mein Arbeitsplatz, Berlin 1975

S. 66 *Karen Baumgardt*, Essengehen im Palast, aus dem Gästebuch der Ausstellung »Aus dem Alltag des Palastes«, Berlin 1996

S. 84 *Hans Krause*, in: Palast der Republik; Informations- und Programmheft, Juli 1984

S. 114 *Heinz Knobloch*, »Berliner Fenster«, Feuilletons, Mitteldeutscher Verlag, Halle/Leipzig, 1981, © Heinz Knobloch (1981)

S. 143 *Gerhard Holtz-Baumert*, Auch für die Kinder retten!, aus: Der Palast muß weg weg weg, Spottless-Verlag, Berlin 1994

S. 178 *Knut Holm*, Erklärung, aus: Der Palast muß weg weg weg, Spottless-Verlag, Berlin 1994

S. 182 *Jochen Petersdorf*, PdR oder Gesetzmäßiges, aus: Der Palast muß weg weg weg, Spottless-Verlag, Berlin 1994

Folgende Texte wurden von Kirsten Heidler und Andreas Welter nach Interviews aufgezeichnet:

S. 19, 86, 88, 90, 97, 117, 120, 150, 153, 160, 169, 174, 183.

Wir haben uns bemüht, alle Rechtsfragen zu klären, sollten wir etwas übersehen haben, bitten wir um Nachricht.

Knobloch, Heinz, geboren 1926 in Dresden, Feuilletonist und Erzähler, bekannt vor allem durch seine Prosa zur Geschichte Berlins.

Knöfel, Coni, geboren 1962 in Berlin-Lichtenberg, wuchs in Ost-Berlin auf. Jetzt ist sie Studentin der Alice-Salomon-Fachhochschule für Sozialarbeit und Sozialpädagogik und schreibt ihre Diplom-Arbeit zum Thema »Zukunftswerkstatt«.

Krause, Hans, geboren 1924 in Berlin, Schriftsteller und Kabarettist. War Gründungsmitglied und Direktor der Distel (1958–63). Mitwirkender der Eulenspiegel-Revue »Lachen und lachen lassen« im PdR.

Krüger, Helfried, geboren 1935 in Reichenbach (Vogtland). Gelernter Former und Gießer, später Studium der Staatswissenschaft an der Akademie für Staats- und Rechtswissenschaft in Potsdam-Babelsberg. Er war langjähriger wissenschaftlicher Mitarbeiter im Sekretariat der Volkskammer und erhielt nach der Wende einen Zeitarbeitsvertrag mit dem Deutschen Bundestag. Heute ist er Rentner.

Meyer, Peter, Keyborder der bekannten Rockgruppe Puhdys, die seit 1969 besteht. Ihre letzte CD »Frei wie die Geier« erschien im Puhdys-Musikverlag.

Mischon, Klaus, geboren 1948 in Neustadt/Weinstraße, Germanist, Gründungsmitglied des Institutes für Kreatives Schreiben in Berlin e. V. Er leitet Schreibwerkstätten, forscht und bildet aus im Bereich des kreativen Schreibens.

Morgner, Irmtraud, 1933–1990, Schriftstellerin.

Munter, Arnold, geboren 1912 in Berlin-Mitte. Er war von 1948–1951 Baustadtrat in Berlin (Ost) und ist heute Rentner. Seine Biographie »Arnold Munter – Jahrhundertzeuge«, geschrieben von Ruth Damwerth, erschienen im Verlag Neues Leben, Berlin 1994.

Neumann, Käte, geboren 1928 in Hainewalde/Oberlausitz, gelernte Krankenschwester. Heute ist sie Rentnerin und Mitstreiterin für die Erhaltung des Palastes.

Petersdorf, Jochen, geboren 1934 in Schlesien, bis 1958 Literaturstudium in Leipzig, danach 26 Jahre lang Redakteur bei der Satirezeitschrift »Eulenspiegel«. Seit 1986 freischaffender Schriftsteller. Veröffentlichungen u. a.: »Das Funzelbuch« und »Das Funzelbuch Nr. 2«, Eulenspiegel Verlag; »Zwischen Frühstück und Kohlrouladen« und »Gnade für den Jackpotknacker«, Edition Ost.